La escalera del éxito

LA ESCALERA DEL ÉXITO

Héctor Tassinari

Grupo Editorial Tomo, S.A. de C.V.
Nicolás San Juan 1043,
03100, México, D.F.

1a. edición, febrero 2008.

Título original: *Camino al éxito*

Nicolás San Juan 1043, Col. Del Valle
03100 México, D.F.
Tels. 5575-6615, 5575-8701 y 5575-0186
Fax. 5575-6695
http://www.grupotomo.com.mx
ISBN-13: 978-970-775-346-4
Miembro de la Cámara Nacional
de la Industria Editorial No 2961

Diseño de portada: Karla Silva
Formación tipográfica: Luis Raúl Garibay Díaz
Supervisor de producción: Leonardo Figueroa

Impreso en México - *Printed in Mexico*

CONTENIDO

I. Introducción 9

II. Primero vamos a conseguir una brújula:
EL PROPÓSITO 13

III. Avanzando paso a paso:
¡Estableciendo METAS! 25

IV. La fuente de energía:
¡AUTOMOTIVACIÓN! 35

V. Para obtener algo, primero tienes que
DESEARLO por encima de todo....................47

VI. Pon el poder de la mente a trabajar
en tu AUTOIMAGEN 63

VII. Eres importante, pero los demás
también los son 75

VIII. Enfrenta la vida con una
ACTITUD MENTAL POSITIVA........................83

IX. La capacidad creativa de
la IMAGINACIÓN..95

X. ENTUSIASMO: el secreto
de los triunfadores 105

XI. El que PERSEVERA alcanza 117

XII. La época de cosecha:
PRODUCIENDO RESULTADOS......................125

La pereza avanza tan
lentamente, que la
pobreza no tarda
en darle alcance.

Introducción

¡Naciste para ser grande! ¿Encuentras eso difícil de creer? Es posible que la inhabilidad para imaginarte el éxito sea la causa de tu convicción de que el éxito no sea para ti. ¿Te sientes incapaz de alcanzar cosas grandes? ¿Permaneces en el asiento trasero porque no estás convencido de que puedas sentarte al frente? La mediocridad te ha lavado el cerebro.

Es hora de dejar a un lado las desventajas y las barreras que te impiden realizar tus sueños. Cuando una persona está dispuesta a reacondicionar la mente, proyectar un propósito y tener un deseo ardiente, puede alcanzar las cumbres más altas, aquellas que ahora existen solamente en lo profundo de tus sueños o en el horizonte de un futuro vago.

Si tienes la capacidad de inclinarte a abrochar los zapatos, también puedes estirarte hacia arriba para tocar las estrellas. Sábete con cerebro capaz de avergonzar a una computadora.

No naciste para ser víctima de la sociedad sino para hacer una contribución a ella. La sociedad desalienta tus posibilidades y tu dignidad por medio de las influencias negativas que a su vez hacen conformarte con la mediocridad a tu alrededor, que limita tu habilidad para prosperar.

Rompe con la conformidad, tienes una mina de energía, un caudal inagotable de conocimientos; tienes bastantes ideas en la cabeza para llenar volúmenes y volúmenes de libros. Sin embargo, no utilizas más del diez par ciento de tu habilidad mental. Comienza a usar un poquito más. Te asombrará cuando surja tu propio potencial.

Este libro te dirigirá hacia el cultivo de tus mejores habilidades, guiándote hacia un futuro lleno de éxito, de felicidad y de significado.

Hay una necesidad que cumplir. Hay necesidades que despertar. Gran parte de nuestra juventud se estima menos de lo que vale. ¿Cómo puede nuestro país utilizar la totalidad de su potencial si los líderes de mañana están aceptando la mediocridad, en vez de ir a la búsqueda de estímulos que los conduzca a una acción llena de propósito? Las ideas consignadas aquí han demostrado que estos conceptos son válidos. ¿Por qué escoger una ruta sin mapa cuando hay caminos tan bien conocidos?

En los días, meses y años venideros vas a disfrutar de la inmensa satisfacción que te proporcionará este libro.

Te damos la bienvenida. *¡Abróchate el cinturón de seguridad! ¡Estamos listos para despegar!*

El autor

PRIMERO VAMOS A CONSEGUIR UNA BRÚJULA:

EL PROPÓSITO

Una de las satisfacciones más grandes de la vida, de las más remuneradoras, consiste en alcanzar lo que uno quiere ser; conseguir lo que uno desea y acumular lo que uno quiere tener. ¿Has pensado qué tipo de persona quieres ser en realidad? ¿Eres ese tipo de persona en este momento? ¿Es el conjunto total de tu vida significativo? ¿Cuáles son tus sueños en lo profundo de tu mente? Y lo más importante: ¿Qué estás haciendo para convertir en realidad tales sueños?

Toma sólo cinco minutos y repasa mentalmente estas preguntas una y otra vez. Naciste con habilidades dinámicas. Puedes vencer y triunfar si crees y te atreves. **¡Decídete ahora mismo!** Este es tu momento para emprender el vuelo. Todo depende de ti. No esperes por la "circunstancia" ni la "oportunidad". **¡Hazla tú mismo!** Si no la haces, seguirás esperándola aún dentro de cinco años o más.

¡Comienza con un propósito! Determina tu objetivo y emprende tu viaje con un plan organizado para alcanzarlo; recuerda que las corrientes de los ríos llevan una fuerza enorme y sólo cuando es controlada y guiada propiamente llega a ser creativa, productiva y eficaz.

Hoy es el momento para trazar rutas y determinar el puerto final de tu destino. Tienes un propósito en la vida; pero, ¿lo estás cumpliendo? ¿Estás satisfecho con tu actuación, deseos e ideas? No olvides que cualquier organismo humano normal y bien adaptado debe tener alguna aspiración o, al menos, un deseo.

Éste es el momento preciso para reorientar tus descuidadas aspiraciones. Dirige hacia ellas tu propósito. **¡Fija tu mira bastante alto para alcanzar el blanco y... aprieta el gatillo!** No te limites a tocarlo solamente, apriétalo con toda tu fuerza. ¡Sigue este propósito en tu trayectoria hasta que pueda llevarte a tu feliz realización! Si fallaste la primera vez, usa un calibre más grande de "determinación" para lograr que tu propósito dé en el blanco. **¡Dispara de nuevo!** ¡Recuerda que este poder está en tus manos! **Si te atreves puedes alcanzar cualquier cosa que te propongas.**

Tienes que decidir lo que has de creer, lo que quieres de la vida y qué precio estás dispuesto a pagar para lograrlo. Éste es el comienzo y tu motivo. Un propósito definido debe ser el punto de partida para tus futuros logros.

Una vez establecido el propósito loable pregúntate si posees la confianza suficiente para llevarlo a cabo. La mayoría de las personas, debes saberlo, no la tienen.

Sin confianza en ti mismo has estado reprimiendo brutalmente la mayor parte de tus habilidades. ¿Estás listo para despertar? ¿Posees espina dorsal? ¿Qué es, después de todo, la espina dorsal? Es un grupo de huesos donde la cabeza se asienta en un lado y el hombre se sienta en el otro. Está en tus manos el decidir cuál de los dos lados vas a usar más.

Para que tu vida tenga significado debe tener propósitos. Imagínala como una liga de goma; puedes mantenerla en su estado natural o estirarla hasta que casi se rompa. **El límite de tu alcance debe ser tu propósito.** Posees habilidades asombrosas que esperan liberación y ejercicio.

En vez de tener envidia o admiración por los que están usando todas sus habilidades, comienza a usar todos los talentos que tú mismo has aprisionado pues, aunque no lo creas, los has tenido desde tu nacimiento. Algunos de ellos contienen piedras preciosas, oro y plata. Quita las cubiertas, suelta las cuerdas y saca todos los tesoros que has tenido la dicha de recibir. **Úsalos. Son solamente para, ti, para tu deleite y placer.**

Define tu propósito y entrégate completamente a él para alcanzarlo. Tener un propósito definido es una necesidad perentoria para hacer una contribución significativa a la sociedad.

Una actitud nueva te estimulará a salir del círculo vicioso rutinario y negativo, y te encaminará hacia el éxito y a una vida llena de alicientes. Los alcances asombrosos de la ciencia han hecho que toda la humanidad esté comunicada instantáneamente por medio de los satélites y la televisión; sin embargo, el individuo cada vez está más solo, más aislado. El ser humano vive angustiado y sin apoyo en la época en la que el mundo está mejor comunicado. ¿No es esto una contradicción? Solamente teniendo un propósito más grande que nuestro egoísmo es como podemos romper las barreras del aislamiento personal y compartir nuestros ideales con otros, trabajando con espíritu de equipo en la realización de una vida armónica, con metas y objetivos.

Puedes participar en grandes hazañas, como hicieron otros que se atrevieron. Puedes cambiar una existencia carente de sentido.

Tu propósito es tu razón para vivir. No debes ser como la mayoría de la gente que encuentras todos los días. Si prestas demasiada atención a las ideas del hombre común acabarás siendo un hombre común. Un individuo conducía un coche por un puente cuando vio a otro listo para arrojarse y le gritó: "'No se arroje, hablemos un ratito". Hablaron un rato, ¡y entonces los dos saltaron!

¿Cuál será tu huella en tu vida? ¿Serás reconocido como digno contribuidor o serás tragado por las masas de la mediocridad?

Personas de todas las edades y de todos los niveles están buscando los tesoros de la vida. Pero se asemejan al niño que encuentra en un viejo baúl un mapa que conduce a un tesoro. Sale y sigue todas las direcciones e indicaciones del mapa: "...y con la punta de la rama de un árbol cuando la luna está alta, reflejando sus rayos en la tierra, cava y a un metro de profundidad encuentra el tesoro". Después de localizar el cofre del tesoro y sacarlo de su escondite, lo lleva y exclama: ¡He encontrado el tesoro! No puede dejar de admitir el hecho que una vez que es dueño del cofre lo es también del contenido. Pero de lo que muchos no se dan cuenta es que la posesión del cofre no vale nada hasta que no lo abra, saque el tesoro y haga algo con él. **No importa el valor del mismo, éste no vale nada hasta que no se le usa.**

Comienza ahora mismo a pensar en un propósito para tu vida. Si ya tienes uno definido, ¡magnífico! Éste será el mapa para tu futuro. Traza las líneas con cuidado, pues cada marca debe tener un significado. Si no lo tienes, escoge uno para un futuro inmediato; luego complétalo piedra por piedra. Pronto habrás construido un dinámico propósito para tu vida.

Cada quien debe decidir en realidad quién desea llegar a ser, qué quiere alcanzar y con qué quiere contribuir. Un objetivo digno te guiará dándote el incentivo a viajar cada kilómetro de tu jornada; te cambiará dándote entusiasmo y placer en tu vida diaria mientras progresas. Una meta digna te pondrá más alto que la multitud que se ha colocado en los planos de la complacencia. Sabrás a dónde vas y cómo piensas llegar ahí. ¿Para qué vivir al garete como el que no sabe dónde ha estado y mucho menos a dónde va? Con una dirección definida tu vida tendrá más significado, será amplia y de mayor trascendencia.

Ya estás parado en el umbral de la prosperidad cuando comienzas con el deseo de ir adelante. ¡Analiza y determina dónde estás situado! ¡Encontrarás que hay tres direcciones importantes, tres avenidas que puedes tomar!:

1. Ser "persona del montón". Rendir tu voluntad y tus deseos aceptando la voluntad de otra persona del montón: la voluntad de las masas entrampadas en la rutina. En la que no hay ningún descubrimiento qué hacer, ningún conflicto qué resolver; la consigna es: "siga al jefe", quien es suficientemente inteligente para ser diferente. Terminarás contribuyendo a la grandeza del ego de este único jefe mientras tú te quedas atrás para jugar el papel del "hombre mediocre".
2. Ser "persona apática". Este tipo de gente no se inclina a la voluntad de la mayoría, pero tampoco se para sobre sus propios pies. Jamás toma la iniciativa y tampoco hace el esfuerzo necesario para la independencia.
3. Ser "persona creativa". El que tiene éxito en aceptar un objetivo, establecer un propósito y seguirlo hasta llegar a su cumplimiento, a pesar de lo que digan los mediocres y apáticos.

Encuestas de compañías de seguros en Estados Unidos han revelado algunos hechos verdaderamente sorprendentes. En un grupo de cien jóvenes de 25 años de edad todos esperan el éxito. Estos mismos individuos se pueden encontrar a la edad de 65 años con sólo uno de ellos rico, cuatro económicamente independientes, con cinco todavía trabajando, 36 muertos y 54 sin nada. De aquellos que alcanzaron los 65 años de edad un 85 por ciento tiene menos de 600 dólares. ¿Cómo es posible que en la nación más rica sobre la faz de la tierra sólo un cinco por ciento se considera que ha triunfado económicamente?

"La razón por la cual los hombres no tienen éxito es porque no utilizan su mente". Hay un principio sobre el cual los filósofos de todos los tiempos han estado de acuerdo. Es éste: **"Nuestra vida está formada por nuestros pensamientos"**. Llegamos a ser lo que pensamos. Mira a tu alrededor. La mayoría de tus amigos ¿prefiere la comodidad a la creatividad? ¿Dónde ha comenzado todo esto? Sin duda en la manera en que se han acostumbrado a pensar.

Nómbrate tú mismo presidente del consejo de tu facultad, compuesta de tu cuerpo y acciones. **Como presidente, primero retira todos los pensamientos negativos que todavía ocupan asientos en tu establecimiento.** Segundo, reorganiza todos tus pensamientos y guía al consejo de tal manera que sigan tus ideas originales. Tienes la autoridad, todos los ojos están puestos en ti para tu primera orientación.

Primero, decide tu propósito preciso. El propósito puede ser a la vez materialista e idealista. Es como la vasija de oro al final del arco iris, o como el oasis en medio del desierto.

El propósito es el hilo de oro que corre por el tapiz de tu vida. Dura toda la vida y proporciona forma y sustancia al conjunto de tus actividades diarias.

El propósito es el ingrediente que cambia "un sueño de castillos" en "un castillo de sueños".

¿Cuál es la fórmula que puede transformar tu vida de lo negativo a lo positivo?

Puedes cruzar la línea que separa la mediocridad del éxito si tienes un propósito tan grande como tus sueños. No importa lo que digan los demás, no importan sus risas y sus burlas. *Para lograr metas grandes en este mundo no se necesita ningún talento especial, no se necesita ser un superdotado, todo lo necesario consiste en hacer un esfuerzo un poquito mayor que los demás, usar la mente sólo un poco más que el resto de la gente, y poner algo que nadie pone en su actividad: un poquito de amor. En una sociedad donde nadie hace nada, nadie intenta nada, cualquiera que quiera dar un paso adelante puede ser un triunfador.*

Proyecta cada paso, uno por uno, como una escalera para tus propósitos. La verdad puede ser que veas solamente los dos primeros, pero mientras mantengas a la vista tus propósitos siempre estarás en el camino correcto.

Alcanzar tu propósito es como comenzar por la noche un viaje en automóvil. Sabes bien dónde termina la jornada, pero sólo puedes ver hasta donde los rayos de luz te lo permitan. A medida que viajas puedes ver más y más. No trates de ver mas allá de lo que puedes, no te adelantes, vive ¡hoy!, hazte tu parte hoy. "Planea tu trabajo; luego, trabaja tu plan".

Cuando tratas de dar pasos hacia adelante que son demasiado grandes, aumentas el riesgo de fracasar, entonces si fracasas, te desanimas y retrocedes.

Asimismo, algunas personas tienen un "deseo" subconsciente de fracasar. Hacen esfuerzos débiles, tal vez ninguno. Cuando no consiguen nada se justifican diciendo: "al cabo ni quería".

Otros se quedan en un surco. Al no tener perseverancia en sus proyectos, no hacen un análisis diario de su avance. No se dan cuenta de lo que son capaces. ¡Porque nunca han tenido que hacerlo!

Algunas veces los problemas serán tan grandes que no podrás cumplir algún proyecto que te hayas fijado.

Aprende de estos fracasos. Déjalos atrás y sigue con tu propósito fundamental.

El hecho de que haya una desviación en el camino, no quiere decir que debes dejar tu viaje. Quiere decir que hay otra ruta.

Si no fracasas nunca, jamás aprenderás. El no fracasar indica algunas veces que estás actuando dentro de tus posibilidades. Procura ir más allá de ellas. Aumenta tus habilidades lo más que puedas. Da un paso adelante.

Casi todo el mundo aprende lo mismo tanto de los problemas y fracasos como del éxito. Solamente la persona que no ha aprendido de sus fracasos es la que ha fracasado en realidad.

"NO IMPORTA CUÁNTAS VECES CAIGAS, LO IMPORTANTE ES CUÁN RÁPIDAMENTE TE LEVANTES".

La gente es juzgada tanto por los compañeros que frecuenta, como por aquellos de los que se aparta. Busca amigos que piensen como tú. Aléjate de los cínicos.

Nosotros tendemos a admirar el sentido común de las personas que vienen a pedirnos consejos. No temas nunca pedir ayuda a otra persona cuando necesitas orientación.

Considera cualquier oportunidad en relación a tu propósito. Si la oportunidad se te presenta como una solución a una situación desesperada y no te ayuda a progresar hacia tu propósito fundamental, entonces será mejor no tomarla. Tal vez uno de los pasos más difíciles de dar es alejarse de un trabajo sin salida. ¡Cuando te encuentres en un surco así, huye de inmediato! Es bueno recordar que solucionar el problema económico a medias significa, muchas veces, el sacrificio de tu propósito. La experiencia que adquieres en un trabajo que te sirva a futuro en tu objetivo fundamental vale a veces mucho más que una diferencia en el sueldo a corto plazo.

El ingrediente final de esta fórmula para alcanzar tu propósito y éxito en la vida, es simplemente esta:

> SI NO TRABAJAS
> NINGUNA REGLA
> TE SERÁ ÚTIL

Desarrolla un propósito para tu vida. Proyecta lo más que puedas y entonces COMIENZA en tu jornada.

Prométete a ti mismo:

- Ser tan fuerte que nada pueda perturbar la paz de tu mente.
- Hablar de salud, alegría y prosperidad a cada persona que encuentres.
- Hacer sentir a todos tus amigos que hay algo positivo en ellos.
- Mirar el lado bueno de las cosas y convertir en realidad tu optimismo.
- Pensar solamente lo mejor, trabajar solamente para lo mejor y esperar solamente lo mejor.

- Ser tan entusiasta de los éxitos de los otros como de los propios. Llevar siempre una cara alegre y dar una sonrisa a quien te encuentres.
- Emplear tanto tiempo al mejoramiento de ti mismo, que no tengas tiempo para criticar a otros.
- Ser demasiado grande para preocuparse; demasiado noble para la ira; demasiado fuerte para el temor; y demasiado alegre para permitir la presencia de la dificultad.

¡Tú puedes ser... el mejor!

AVANZANDO PASO A PASO:

¡ESTABLECIENDO METAS!

Cada persona de éxito ha llegado a obtenerlo determinando sus metas y trabajando mucho. Nadie ha alcanzado nada por casualidad. Lo ha logrado definiendo un rumbo y quedándose en él todo el trayecto.

Hazte de nuevo esta pregunta: ¿Son necesarias para mí las metas? Mira el mundo de los deportes. ¿Qué es lo que hace más interesante cualquier evento deportivo? ¿Es el número de jugadores corriendo en direcciones opuestas a través del campo? No. ¡Creo que no!

¡Son las metas las que dan vida al juego! Sin ellas no habría estímulo para ninguno de los jugadores. LA META SIEMPRE VISIBLE Y BIEN DIRIGIDA. Los jugadores saben por dónde y hacia qué objetivo dirigir sus esfuerzos. Un juego sin meta y sin propósito definido hace perder el interés de los jugadores y elimina todo espíritu de competencia.

Metas específicas

Las metas son necesarias para alcanzar el éxito del equipo en el cual los individuos participan como componentes. Las metas proveen dirección, como los letreros a lo largo del camino guían a los viajeros hacia una ruta correcta. Desde la posición donde estás ahora, y mirando hacia el final de tu propósito, las metas sirven para marcar la "distancia más corta entre estos dos puntos".

Las metas te hacen progresar hacia tu propósito en una línea más o menos recta. Te ayudan a evitar la pérdida de tiempo y energía, protegiéndote de callejones sin salida que a veces parecen útiles, pero que en realidad son improductivos y disminuyen tu progreso.

El incentivo es lo que "alienta y estimula" hacia una acción determinada. Las metas nos proporcionan el incentivo a actuar y a progresar. Cuando a través de un esfuerzo personal se alcanzan estas metas, las mismas vienen a ser una fuente de inspiración y te impulsan hacia la meta siguiente. *La vida es el logro de metas sucesivas hacia el propósito determinado.*

Las metas establecen la diferencia entre una vida monótona y tediosa, y una aventura diaria llena de brillantez. "El que apunta hacia la nada, da en la nada". "Ningún propósito, grande o loable, ha sido alcanzado sin metas".

¿Qué son las metas?

Se sabe que el ser humano creativo está siempre deseando algo y haciendo algo para conseguirlo. Las metas son los pasos en el camino hacia un objetivo definido. Cada meta lograda es un paso más que nos acerca a lo que queremos. Las metas son las etapas intermedias de la carrera al éxito.

Todo comportamiento humano aspira a alcanzar algún objetivo, aunque no nos demos cuenta de ello.

Sólo en teoría las metas son sencillas, claras y ordenadas. En la vida de muchos, y tal vez en la tuya misma, estas metas son confusas y a veces contradictorias.

¿Por dónde hay que empezar para establecer un cuadro general de tus metas? Hay que empezar con el reconocimiento de un propósito grande que se quiera alcanzar, puede ser algo que se logrará en años. Las metas serán los pequeños logros diarios que nos marcan el camino.

Sabes lo que deseas, te das cuenta del esfuerzo total necesario para superar los obstáculos que encuentres en tu camino. Las metas serán tu gran apoyo para mantenerte interesado. Si para alcanzar tus propósitos hay riesgos que correr, las metas te ayudarán a calcular y controlar tales riesgos. Una vida con metas definidas tiene un propósito evidente.

Hay que preguntarse: ¿qué es lo que yo quiero? La respuesta a esta pregunta determinará si eres ambicioso o mezquino. Una persona ambiciosa desea cosas para sí misma y para sus seres queridos y está dispuesta a pagar el precio. Una persona mezquina quiere algo gratis y no le preocupa a quién atropella para alcanzarlo. Decide hoy mismo la dirección de tus ambiciones; tu actitud al hacer esta decisión te pondrá en la senda correcta.

Recuerda que las metas a largo plazo difícilmente se alcanzan cuando tienen por propósito únicamente satisfacer un deseo personal egoísta. Tus metas y objetivos en la vida deben tener un propósito positivo y loable, y comprobarás lo que dice este proverbio: "Se cosecha lo que se siembra".

Es probable que hasta ahora hayas creído que la razón está siempre de parte de la mayoría. La mayoría está a la deriva, echando a perder gran parte de su vida porque no tiene metas definidas.

Todo lo que nos rodea: la flora, la fauna, el universo en general, tiene funciones y procesos específicos, tanto las cosas animadas como las inanimadas.

Nada está estático, sin ninguna razón de ser y sin objetivos específicos, todo tiene un por qué, una meta, un fin designado. La naturaleza tiene un ciclo vital de nacimiento, esplendor, procreación y muerte cada año. Las flores, las plantas, las mariposas, los animales en general. Los grandes bosques de antaño son hoy los recursos petroleros, la energía básica que mueve al mundo. El ser humano se encuentra en la cumbre más allá de ese proceso evolutivo y tiene la enorme ventaja de su mente para crear y desarrollar sus propias metas, que son sus ideas creativas.

Cómo se establecen las metas específicas

Las metas se dividen en dos categorías importantes: metas a largo plazo, metas a corto plazo.

Un buen ejemplo de la mezcla de los tipos de metas se puede ver en el estudiante que se matricula en la universidad para empezar sus estudios de medicina y más tarde hacerse médico. Se da cuenta del esfuerzo que tiene que realizar para pasar todos los exámenes y de la enorme responsabilidad que implica su profesión.

Sus metas a largo plazo serán los logros que como médico desee obtener, sin embargo, esto no será posible mientras no realice sus metas a corto plazo que son los exámenes a los que tiene que someterse. Cada examen superado es una meta pequeña de corto plazo que lo acerca más a su propósito.

Las metas de corto alcance o a corto plazo pueden parecer insignificantes. Muchas veces las metas a largo plazo son más importantes para el propósito de la existencia, ya que tienen la tendencia a organizarse en un sistema más amplio o en un plan general para la vida. Ésta es la razón por la cual cuando tienes una meta clara y bien definida, las otras adquieren validez y significado. Un examen mensual obtiene importancia porque forma parte de los peldaños de tu escalera.

Es importante proyectar tus metas individuales en forma que requieran acción:

1. Expresa con una frase el propósito de tu vida; lo que quieres alcanzar.
2. Mide tu progreso cada año con tu familia y tus colaboradores en los negocios.
3. Proyecta un programa semanal de alegría, éxito y salud.
4. Proyecta la semana el viernes anterior. Puedes redoblar la producción de tu trabajo con un horario eficiente.
5. Mejora el programa de tus alcances personales diarios.
6. Vive cada día en compartimentos impenetrables. No dejes que los fracasos de ayer te afecten hoy y que las situaciones anticipadas para mañana te preocupen tanto, que no puedas gozar de los alcances presentes.

Las metas sirven de medios para medir el progreso. Actúan también como puntos cardinales, acercándote siempre al punto de tu destino.

Tus metas de corto o largo plazo deben ser:

1. Realistas y alcanzables.
2. Concretas y medibles.
3. Repartidas en determinados periodos de tiempo.
4. Flexibles y que reflejen cambios.
5. Establecidas de antemano.
6. Escritas, compartidas y encomendadas.

Escribe tus metas en tarjetas y ponlas a la vista. Deben colocarse en el espejo del baño, del auto o en tu cartera. Grábalas profundamente en el subconsciente. Hazlas tuyas. Tienes que repetirte esta idea hasta quedar completamente convencido. Luego, cada acción consciente o subconsciente debe estar dirigida hacia su cumplimiento.

1. Establece una meta alcanzable dentro de un año.
2. Decide qué medios necesitas para alcanzar esa meta.
3. Establece pequeñas metas mensuales que te lleven a la meta anual.
4. Haz una lista de los pequeños éxitos.
5. Aprende de cualquier fracaso sufrido, pero no dejes que te desanime.
6. No malgastes tiempo, pues una vez transcurrido jamás podrás recobrarlo.
7. Quédate con tu meta hasta que se convierta en realidad.

Desarrolla un plan claro y conciso para llevar a cabo. Comienza a hacer una lista de todo lo que pueda ayudarte a lograrlo: libros, estudios, personas, dinero, etcétera. Estudia cada detalle hasta poder registrar los caminos más adecuados. Después, determina cómo alcanzarás las metas periódicamente. Establece una fecha para cada etapa. Sigue controlando tu progreso en cada etapa.

Tu entrega total es vital, así como darte cuenta de la importancia de mantener metas flexibles. Ya que las circunstancias de la vida cambian cada día, asimismo las metas deben de estructurarse para resistir tales cambios. Nuestro comportamiento nos lleva más cerca de esas metas preestablecidas. Cuando las circunstancias de la vida cambian, nuestro comportamiento también varía.

Este cambio se refleja además en el orden de nuestras metas; por tanto, es necesario recordar que debemos estar preparados para hacer ajustes porque nos ayudará a modificar la ruta cuando sea necesario, y al mismo tiempo mantener un progreso constante.

El único que tiene que estar absolutamente seguro de que se encuentra en el camino correcto eres tú, no prestes atención a los criticones.

Mantente firme en tu determinación de alcanzar tus metas; resiste toda influencia de opiniones falsas o las que limitan tu habilidad. Ponte a trabajar con eficiencia y confianza. Asimílalas hasta que lleguen a formar parte de ti.

Las metas tienen algo de fascinante: suelen dar aliento a lo que parece imposible, ¡son esenciales para todo estímulo e incentivo! El estímulo es el resorte que nos permite buscar cada medio honrado para infundir el deseo en la gente a esforzarse hacia un propósito digno en la vida, utilizando todas las habilidades, sus experiencias y su preparación.

Comienza tu cambio hoy mismo. Comienza a destacarte de la multitud. No olvides que ser mediocre, cuando se pueden hacer cosas más grandes, es una de las tragedias más lamentables para cualquier persona. Sabemos que tienes la habilidad de convertir tus sueños, tus esfuerzos y tus ambiciones en realidad. Puedes alcanzar la felicidad, realizar hazañas de enorme importancia y hacer una contribución a tu prójimo y a la vida. Toma a la vida con el puño y la tenacidad de propósito que te infunda el deseo de alcanzar tus metas. ¿Quieres ser grande?, ten fe. Dirige todos tus esfuerzos hacia ese fin y los convertirás en realidad.

El hombre es el producto de sus pensamientos, creencias y acciones. ¡Hazte grande! Tus pensamientos, tu fe y tus acciones, guiados por tus metas, te darán la satisfacción de saber que has alcanzado lo que te habías propuesto.

> Un centavo a la vida yo regateaba,
> y la vida un centavo me pagaba.
> Así en la noche al contar,
> por mi ingreso escaso que tuve que mendigar.
> Pues como patrón, la vida es justa, se comporta,
> y le da al trabajador por lo que él aporta.

Y cuando el salario está establecido,
la tarea debe aguantar agradecido.
Por el salario de un criado trabajaba,
solamente para aprender consternado.
Que cualquier salario que hubiese pedido,
la vida sin queja me hubiera concedido.

Jesse D. Rittenhause

¿Estás pidiendo bastante de la vida? La gente se levanta para cumplir con las demandas que le son puestas. Tú eres diferente. Establece tus metas altas. ¡El escoger está en tus manos! *La persona que puede ofrecerte la mejor oportunidad de tu vida ¡eres tú mismo!*

¡Tú puedes ser... el mejor!

La fuente de energía:

¡Automotivación!

La mayoría de las personas desean lograr "algo", pero unas pocas saben realmente lo que quieren. Si hicieras una encuesta sobre el significado del éxito, solamente un porcentaje pequeño de los entrevistados te podrían dar una definición acertada.

La mayoría de la gente no tiene idea de lo que quiere hacer en la vida. Sólo habla en términos generales. Carece de proyectos. Gasta más tiempo en planear las vacaciones que en proyectar el futuro. Si preguntáramos a la mayoría: ¿qué es el éxito?, probablemente contestaría que el éxito consiste en tener dinero. *El éxito, tal como lo concibe la sociedad, es un supuesto estado de riqueza.*

Esto no representa su verdadero significado. El éxito no consiste necesariamente en un estado financiero, más bien es una conciencia de la realización de las metas. *El éxito es una jornada, no un destino. Una jornada que no termina*. Si alguien se detiene a la primera señal, vendrá a menos, decaerá y finalmente se estancará.

Por lo tanto, éxito debe entenderse COMO LA REALIZACIÓN PROGRESIVA DE UN PROPÓSITO DIGNO. Este propósito es el objetivo final; tus metas son los logros progresivos necesarios para alcanzarlo y, como resultado, se convierte en un continuo esfuerzo progresivo.

El éxito es la hazaña más difícil para guiar la vida con entusiasmo hacia la realización de un propósito definido; es una satisfacción interior; y cada uno de nosotros lleva dentro de sí mismo las cualidades necesarias para alcanzarlo. Decídete a tu propósito y de ahí sacarás los ingredientes necesarios que te ayudarán a lograrlo. Debes de decidir ahora lo que quieres de la vida... qué quieres llegar a ser, y lo que estás dispuesto a pagar para lograrlo.

Nosotros subestimamos el gran don que nos ha otorgado la naturaleza. Pensamos que hay una olla de oro al final del arco iris; buscamos sin cesar la riqueza en lugares imposibles. *La gema real de la vida está en el ser humano. Debe quedarse en su casa a minar y pulir lo que lleva dentro de sí mismo*. El ser humano tiene en su humanidad una posesión más valiosa que los diamantes.

EL ÉXITO NO VIENE NECESARIAMENTE AL QUE LO DESEA, SINO AL QUE DECIDE APROPIÁRSELO. "El único lugar en donde encontrarás éxito antes de trabajo, es en el diccionario". Decídete a trabajar duro, a pagar el precio. Sólo unos pocos hacen un esfuerzo completo para lograr lo que quieren. A medida que haces más, disminuye la competencia.

La diferencia principal entre el que gana mucho dinero y otro que gana poco consiste en la manera de pensar. Tu lucha más grande no será la de subir la escalera del éxito, sino la de destacarte de la multitud que está en la base de esta escalera. Tus amigos bien intencionados, tus vecinos y tus familiares te juzgan según los méritos de ellos. Debes superar el juicio negativo que ellos tienen de sí mismos y de ti, debes despegarte del núcleo de mediocridad que te rodea y lanzarte solo en busca de lo que quieres; piensa que todos los que destacan marchan solos. El pelotón es para los que tienen miedo.

Eres muchas veces más poderoso de lo que piensas y todo esto está a tu disposición. Naciste con todo lo que hace falta para tener éxito. Todas las ventajas que cuestan dinero pueden reemplazarse. Has nacido con los recursos que necesitas para conseguir lo que desees. *Por eso no necesitas buscar fuerzas fuera de ti, sino comprender y saber emplear las que ya posees.*

En el camino tienes que reconocer tus fallas. Piensa en ellas en términos de un esmeril de hábitos que estás puliendo o superando, y entonces tu temor al fracaso se desvanecerá. Recuerda, por el contrario, todas las veces que has triunfado. Tal vez hayan sido pequeños éxitos, pero HAN SIDO ÉXITOS; conserva constantemente en la memoria esos recuerdos.

Haz el simple ejercicio de empezar cada día con emoción en vez de levantarte con apatía. Imagínate a ti mismo como si nacieras cada día que te levantas. ¡SÍ, NACIDO OTRA VEZ PARA ALGO MARAVILLOSO!

Cada hombre es un mago. "CADA HOMBRE PUEDE MEJORAR SU VIDA, MEJORANDO SU ACTITUD". Un pequeño cambio en tu manera de pensar puede crear un impacto tremendo en tu forma de enfrentar tus retos. Cada noche, antes de acostarte, repite en tu mente la idea de creer que ya has llegado. Imagínate en cada situación actuando como si hubieras ya alcanzado tus metas. Discute, refuta, haz compromisos y toma decisiones finales en tu imaginación. Acostúmbrate a tu nuevo papel de persona triunfadora. Hecho esto, lleva tal hábito en tu vida diaria, viviendo el papel que quieres jugar cada día.

Esta experiencia es inestimable y los resultados te sorprenderán. Pronto te darás cuenta, que ya no estás jugando un papel. Una vez condicionada tu mente, se acostumbrará a esta nueva forma de pensar. Recuerda que tu subconsciente no distingue la diferencia entre lo real y lo imaginario. Sólo recibe y acepta el tipo de información que le proporcionas y la cambia en realidad tangible. De hecho el subconsciente transforma en realidad lo que le mandas. YA DEBES PENSAR, SENTIR Y ACTUAR COMO SI HUBIERAS SALIDO ADELANTE EN LA VIDA, ANTES DE DISFRUTAR EL VERDADERO ÉXITO. Tu mente funcionará a tu favor si le das la oportunidad de hacerlo. "Espera siempre lo mejor y eso sucederá". Se necesita mucha fe, claro está.

Descubre la palabra más importante en el diccionario: ACTITUD. Tu actitud diaria no solamente determina tu perspectiva en la vida, sino también la perspectiva de todos los que te rodean. Una actitud correcta hacia el prójimo comienza con una actitud positiva hacia ti mismo. ¡Ten fe en ti! Ten fe en tu propio destino y lo lograrás.

Practica la *regla de oro*: "Haz a tu prójimo lo que quieres que él haga por ti". Trata a las personas con afecto, acéptalas a pesar de sus defectos y ellas te aceptarán a ti.

Muchas veces damos más importancia al aspecto exterior que al interior. Una persona verdaderamente próspera está dispuesta a ayudar a otros, compartir sus conocimientos de la vida y motivar a los demás. La felicidad verdadera se encuentra ayudando sin envidia y sin deseo de recompensa. El éxito y la riqueza vendrán de aquellos que han compartido los beneficios de sus esfuerzos. La alegría es la única cosa que puedes multiplicar por medio de la división. Hay que recordar el principio de la retribución y vivir de acuerdo con él. Es el círculo de lo bueno: cuando haces algo bueno siempre recibes algo bueno también. Tal vez no suceda enseguida, pero siempre sucede con el tiempo. No se le puede negar. Una buena acción establece una obligación subconsciente que tiene que ser pagada con otra acción buena. Ayudando a otros quedas compensado automáticamente.

Ahora que se han establecido estos principios que podemos llamar la infraestructura, puedes desarrollar aquella cualidad que se encuentra en todos los triunfadores y los distingue de entre la multitud: la MOTIVACIÓN DE SÍ MISMO. El grado de éxito que logres está en proporción directa a tu habilidad de automotivarte. Hazte esta pregunta: "¿Tengo que ser motivado o ya he aprendido a automotivarme?" Tú te motivas a través de un recuerdo constante del deseo ardiente de conquistar tus metas que te llevarán a la realización de tus sueños. Basta definir tu propósito y tus metas y estarás mucho más adelante de la multitud. Ahora, entusiásmate con la convicción ardiente que la realización de tus sueños y de tu propósito es inevitable.

TÚ PASAS SOLAMENTE UNA VEZ POR ESTE MUNDO. COMIENZA A VIVIR TU PROPIA VIDA EN TODA SU INTENSIDAD.

Eres el único autor del libro de tu vida. La única competencia verdadera que tienes es contigo mismo. Tu progreso y gran parte de tus logros consisten en el mejoramiento personal continuo a través de tus esfuerzos por superar tus debilidades. Motívate hacia un objetivo determinado. Tu avance depende de ti y de nadie más.

No te mantengas siempre en el camino público yendo solamente por donde han ido otros. Deja de vez en cuando el camino trillado y dirígete hacia el bosque.

Ciertamente encontrarás algo que no has visto antes. ¡Síguelo!

Un descubrimiento te guiará a otros, y antes de darte cuenta, encontrarás un camino único, personal, tuyo nada más.

¡Te advertimos ahora mismo que el camino sin peligro es para las personas sin iniciativa!

El ser humano no está exento de problemas. No dejes que pequeñas situaciones atrofien tu entusiasmo. No permitas que esto te impida ser grande. Un individuo motivado por sí mismo aprende a resolver eficazmente estas situaciones diarias sin caer entrampado en la duda, el temor, la preocupación o los sentimientos negativos. Mientras más empleas tu mente, más grande será tu fortuna. Controla tu pensamiento, automotívate y el triunfo será tuyo.

¿Qué se necesita para estar motivado? La mayoría se conforma con su medio ambiente. Están condicionados a aceptarse como creen que son sin mejorarse nunca. Buscan ser apreciados, formar parte del conglomerado social y no ser víctimas de los chismes; no se atreven a nada y aceptan la posición económica de sus amigos y sus vecinos. Sienten una resignación a la que llaman "destino". Su vida está limitada por esta conformidad. La vida no les es un desafío, sino una rutina. Aunque viven en una nación de riqueza y de oportunidad no pueden contarse entre los que destacan; así, la primera oferta de trabajo, un lugar de empleo, o la sugerencia de un amigo, llegan a ser el único "esfuerzo" de toda su vida.

Por tu bien ¡evita eso! Comienza a pensar por ti mismo. Piensa en tu futuro y aprovecha todo lo que puedas para mejorarte diariamente. Decide la meta hacia la cual debes dirigirte. ¿Estás motivado por lo que quieres? ¿Has decidido lo que quieres? ¿O estás motivado por las masas? Existen tres características fundamentales en la motivación:

a) **La motivación del temor**. Este es probablemente el primer tipo de motivación que recuerdas. Cuando eras niño te "motivaban a portarte bien" con miedo. Pero la motivación del temor es negativa y no dura mucho tiempo, es la menos eficaz.
b) **La motivación de recompensa**. La aplicación de la motivación de la recompensa es el opuesto de la motivación del temor. Los deseos de un individuo para tener éxito en la vida y ser aceptado le empujan a reaccionar a la motivación de la recompensa. Muchas veces ese tipo de motivación es solamente temporal, especialmente cuando se cumplen las necesidades económicas. La motivación de la recompensa no inspira a realizar todo tu potencial, pues se enciende en una llama grande como el fósforo para luego morir al obtener beneficios económicos a corto plazo.
c) **La automotivación o motivación de la actitud**. Este tipo de motivación es verdadero

y digno de atención pues con la actitud correcta hacia la vida comienzas a darte cuenta de la oportunidad abundante del potencial que posees. Aprenderás a controlar tu pensamiento, a mejorar tu actitud diaria, a llegar a ser la persona que quieres ser y, automáticamente, la vida tendrá más significado.

Encontrarás que la única motivación que dura y es digna de atención es la automotivación. Ésta tiene la llave cuando desarrollas una actitud entusiasta hacia la vida.

Debes llegar a ser alguien que emprende el camino por sí mismo, que se motiva a sí mismo. Ésta es una de nuestras metas: desarrollo total de la persona para que te distingas de la multitud. Queremos ayudarte a explorar tu mente para que utilices al máximo el potencial que Dios te dio.

El cuidarse de ser "desmotivado" por los demás es tan importante como motivar a las personas. Antes de acostarte esta noche, haz por escrito una lista de todos los que, consciente o inconscientemente, te han causado pérdida de terreno, los que "le quitan el viento a tus velas", debes neutralizar el efecto que estas acciones tienen en tu manera de pensar y, más importante aún, en tus acciones.

No te decimos: "Deshazte de ellos". Hemos dicho: "Neutraliza su efecto negativo". Es posible que ellos mismos no tengan idea del influjo negativo que ejercen en ti, pues todavía piensan en términos de "mayoría conformista".

El éxito consiste en la felicidad que consigues al lograr propósitos dignos y cristalizar metas. Consiste en un crecimiento continuo que abarca desde el punto de partida hasta donde quieres llegar. Créate el triunfo en la mente antes de que puedas recoger los premios del mismo; sin embargo, primero debes tener un compromiso total con lo que quieres.

Las recompensas en la vida siempre corresponden a nuestros servicios. Recuerda estas palabras: "Todo lo que el hombre siembra, eso también recogerá", recibirás en proporción a lo que contribuyes; si no estás satisfecho con tu posición en la vida, evalúa de nuevo tu contribución a la misma y busca diariamente nuevos medios para aumentar tu contribución.

Siempre mantente alerta a tus oportunidades dondequiera que te encuentres. Estas oportunidades sólo esperan que alguien las descubra.

No importan las dificultades que encuentres, sólo basta que tengas una actitud mental correcta. Saca ventaja de cualquier situación. *Eres el dueño de tu destino y el capitán del barco de tu alma, porque controlas tus pensamientos.*

No seas receptivo a las influencias negativas. Fórmate tu propio pensamiento. Nunca pierdas tu capacidad de gozar de la vida. No puedes vivir ni en el pasado, ni en el futuro. ¡Vive hoy, ahora mismo!

Sólo el 5% de la población económicamente activa llega a desarrollar la correcta actitud mental. Por lo tanto, establece como meta formar parte del 5% de las personas que están en tu ocupación.

Puedes alcanzar lo que anhelas.

No esperes hasta que todo esté correcto para empezar. Tal vez esperarás el resto de tu vida. Comienza ahora mismo.

Al 95% de las personas les han lavado el cerebro. No seas como ellos. Cree que puedes lograrlo.

El éxito lo consiguen quienes piensan positivamente, puedes hacer cualquier cosa que conciba tu mente. Ten la actitud correcta.

No te preocupes. Arregla las situaciones de la vida una por una.

Usa con eficacia las cualidades que posees.

Escucha con atención y calma, tal vez aprendas algo.

Aprende el arte de invertir constructivamente, no necesitas dinero para ganar dinero.

No temas al fracaso. Aplástalo. ¡Trata una vez más! ¡Sólo tienes que estar correcto el 51% de las veces para triunfar!

Sé feliz, si no eres, decide serlo.
No te estimes menos de lo que vales.
Ama igual a todos.

Aprende a aceptar sus fallas
y tal vez ellos aceptarán las tuyas.
Si tienes alguna duda, no juzgues.
Lee buenos libros.

Tú vales precisamente lo que piensas que vales.

¡Tú puedes ser... el mejor!

PARA OBTENER ALGO, PRIMERO TIENES QUE

DESEARLO

POR ENCIMA DE TODO

El deseo consiste en anhelar un objeto o una experiencia que prometa la satisfacción de su alcance. Si esperas alcanzar el propósito digno debes empezar con un "deseo ardiente". Éste es uno de los estímulos más eficaces que el hombre jamás haya conocido. *Sin un deseo ardiente, jamás se alcanza algo digno.*

Muy pocas personas comprenden a fondo la importancia de un deseo ardiente. La mayoría está tan sumergida en sus propias ideas negativas que no tiene tiempo para mirar más allá de las nubes. Muchos se contentan con aceptar su propia posición en la vida sin levantar los ojos hacia objetivos más altos. No están satisfechos y tienen sueños confusos.

Estos sueños nunca se convierten en realidad porque no hay suficiente voluntad que los estimule... permanecen siendo sueños y nada más. La mayoría de las personas cree que los sueños son un pasatiempo de adolescentes. ¡Por supuesto que no! *Todo lo que se ha logrado en el mundo se ha hecho gracias a los soñadores que han tenido fe en sus sueños.*

Estos soñadores están dotados de una cualidad especial que convierte, como por encanto, sus sueños en realidades tangibles. Esta cualidad es EL DESEO ARDIENTE.

El deseo ardiente es la fuerza emotiva que surge del poder creador de la mente y la hace funcionar para alcanzar el objeto que deseas. Es el poder que hace posible lo imposible. Es la fuerza motriz del destino.

Si queremos tener éxito, necesitamos desarrollar nuestros deseos infantiles de aprender. Aproximadamente la mitad del conocimiento que poseemos la hemos aprendido antes de los diez años de edad. Un niño de cinco años puede absorber cada día hasta 300 detalles de información nueva, mientras que un adulto se limita a no más de doce. El niño aprende al día generalmente 25 veces más que el adulto, simplemente porque está interesado. Recuerda, cuando eras niño, las veces que tus padres te decían que podías hacer cualquier cosa que quisieras. Fuiste animado por ellos a dar tus primeros pasos, los diste porque no sabías que no podías hacerlo. Te faltaba "experiencia" para saber que había la posibilidad de que no pudiera hacerse.

Tal vez digas: "Yo no puedo ser grande". Sí, tú puedes. Cree que algo bueno viene a tu encuentro, prepárate para recibirlo. Tú puedes ser lo que deseas ser, puedes llegar a ser una gran persona en tu propia y única forma. Recuerda siempre que tu grandeza está en proporción a tu potencial –no al potencial de otro.

Atrévete a tener grandes sueños; luego despiértate y hazlos realidad. Tu confianza en ti mismo aumentará automáticamente junto con tu capacidad para aceptar el hecho de que "puedes". Una vez que decides lo que quieres de la vida y el precio que estás dispuesto a pagar por ello, tus triunfos serán inevitables. Te darás cuenta que tus pensamientos y sueños están relacionados con la realización de tus deseos.

Tal vez no has alcanzado tu lugar en la vida por el viejo mito de que no eres tan capaz como los otros. Lo que llegas a ser y lo que alcanzas no se debe solamente a tu habilidad natural y a tu capacidad creativa. Aunque éstas son grandes ventajas, las cosas que más nos animan son el deseo y "la perseverancia". ¡Las personas que tienen grandes sueños, un deseo ardiente, y una gran fuerza para alcanzar el logro, no se dan por vencidas y llegan a ser grandes!

Todas las cualidades necesarias surgen de un deseo ardiente. El deseo es el comienzo de todo logro. Pero tienes que mantener ardiente tu deseo, porque el camino siempre está en construcción.

Existen ciertos deseos básicos de la naturaleza humana. La manera en que estos encajan en tu vida depende de tu personalidad y de tu formación individual. La manera en que son tratados determina la salud, la alegría, tu lugar en la vida y la utilidad que te proporcionan.

I. Deseo de seguridad

Los psiquiatras piensan que éste es el deseo básico en la mayoría de las mujeres. Las que tienen satisfechas sus necesidades básicas, tales como su hogar y sus seres amados, se desenvuelven bien; muchas veces, si pierden esta seguridad, se ponen neuróticas y trastornadas. Cuando sienten que están de nuevo en el círculo del amor, el hogar y las satisfacciones de la vida, se ponen alegres y contentas.

Los individuos que se han criado en un ambiente inseguro muestran las huellas de esta inseguridad cuando son adultos. Comúnmente se esfuerzan por alcanzar prestigio y grandes ganancias económicas para suprimir el temor de volver a su condición anterior. Quienes se dan cuenta de la necesidad de examinar el pasado y sus trastornos emocionales, vencen estas preocupaciones que les agobian. Estos individuos se dan cuenta que las ganancias económicas no traen necesariamente la seguridad. Con este conocimiento pueden buscar recursos interiores que les guían a una perspectiva más madura, por lo que comienzan a cambiar el amor a las cosas por el amor a las personas y experimentan la agradable sensación de estar relacionados con las personas, en vez de tener una vida compuesta de objetos.

II. El deseo del éxito

Éste es un estímulo en el ser humano. El doctor Alfred Adler, famoso psiquiatra austriaco, creía que el deseo del éxito es la fuerza motriz de todo ser humano. Incluye este deseo en su teoría conocida como la "voluntad de poder". Aunque se piensa generalmente que éste es un deseo primordial de los hombres, hoy está demostrado que también lo es para las mujeres. Muchas son tan prominentes en el mundo de los negocios como lo son en la sociedad y en la casa.

Si deseas verdaderamente tener éxito lo tendrás en cualquier aventura en que te veas envuelto. Si no lo tienes, tus deseos no están bien definidos. No trates de engañar al mundo engañándote a ti mismo. "Miles y miles de personas pueden hacer el doble, el triple o el cuádruple de lo que creen. Pero lo triste es que muchos no tienen el valor, porque en su interior no han encendido su deseo para producir las inmensas energías que son necesarias".

III. El deseo de ser aceptado

Se hace notorio este deseo particularmente entre los jóvenes. Ellos quieren ser miembros del "grupo". Esto determina su manera de vestir, hablar y sus actividades. Algunos jóvenes caen en la promiscuidad sexual, experimentan las drogas, se revelan contra las enseñanzas de sus padres y a menudo contra sus propios juicios; algunos llegan al extremo de violar la ley para cumplir con las reglas establecidas por el "grupo".

Los adultos son tan culpables de esto como los jóvenes. Algunos hombres sacrificarían cualquier principio o creencia antes de quedarse solos y ser rechazados por sus convicciones. El no sentirse parte de un grupo trae consigo un complejo de inferioridad. Cuando no se entiende o no se sabe la causa de ese complejo de inferioridad se adopta un comportamiento extremo para atraer la atención.

Muchas veces el deseo obsesionado de ser aceptado tiene su origen en un rechazo sufrido durante la niñez. Este hecho es más común de lo que se piensa. Tales personas luchan contra lo mismo que desean: la aceptación. En su temor de ser rechazados optan por rechazar a otros primero. Las personas tienen que aceptarse a sí mismas antes que puedan aceptar a las otras. *Las personas maduras reconocen que tienen valor y que pueden aceptarse a sí mismas. Esto les abre el camino para que sean aceptadas por los demás.*

IV. El deseo de ser apreciado

El deseo de ser apreciado es una de las fuerzas estimulantes más extraordinarias en la vida. Requiere tan poco esfuerzo; sin embargo, los resultados son inmensamente satisfactorios. Una secretaria realizará un doble esfuerzo cuando su jefe le diga algunas frases de aprecio. Una esposa resplandecerá de alegría cuando su esposo alabe su arte de cocinar y su habilidad de cuidar la casa. Los valores personales aumentan en un hombre cuando su esposa e hijos le muestran su agradecimiento por el trabajo tan grande que realiza para proveerlos de lo que necesitan. Uno de los mayores gozos que sienten los padres en la vida es cuando sus hijos, ya crecidos, muestran una actitud armoniosa y madura hacia los retos de la vida diaria.

Las personas sienten un deseo profundo de ser apreciadas y deseadas. El aprecio nace del corazón de una persona que tiene un sentimiento de gratitud por los beneficios que ha recibido. La ingratitud es una característica indeseable y nace cuando uno piensa que no debe nada a nadie por lo que ha llegado a ser. Sabemos que "nadie vive solo, ni muere solo". Todos les damos a los demás "algo".

"El aprecio es el deseo más profundo del corazón humano. La gratitud o el aprecio no solamente proporciona alegría a la persona a quien se expresa, sino también trae gozo a la persona que lo expresa". Enaltece el carácter. Una persona "pequeña" es incapaz de expresar aprecio. Una persona "grande" está rebosante del sentimiento de gratitud.

V. El deseo de ser comprendido

Tu vida se enriquece astronómicamente cuando encuentras a alguien que se interesa por ti, te comprende y te lo demuestra siendo un buen amigo, estando siempre dispuesto a escuchar y ayudarte.

Un individuo con temperamento sensible muchas veces tiene una vida bastante solitaria porque siente que nadie le comprende, ni aún dentro de su propia familia. A veces el hombre no se siente comprendido por su mujer y viceversa.

Las relaciones familiares deben basarse en el amor y en un deseo de comprensión. El mejor camino para llegar a la comprensión es a través del arte de escuchar, no solamente las palabras habladas, sino también el significado que llevan. Desarrolla el hábito de comprender el contenido implícito de las palabras, de la misma forma que has aprendido a leer "entre líneas".

La mayor falta que tienen muchos es que dejan de atender antes de que la otra persona ha dejado de hablar; muchas veces hacen con las personas lo mismo que con sus televisores, "los encienden" y "los apagan". En el momento que te niegas a escuchar la conversación de otra persona es porque juzgas de antemano que sus palabras no son dignas de tu atención.

La comprensión forma un círculo de amistad dentro de las relaciones humanas. Tienes que comprenderte a ti mismo antes de que puedas comprender a otros; y es en la comprensión de otros en donde ganas más para ti mismo. Una persona es afortunada cuando encuentra a alguien en quien puede confiar, que es comprensivo y digno de aquella confianza.

VI. El deseo de amar y ser amado

Se dice que "el mundo está muriendo por la falta de amor". ¿Por qué?, porque la mayoría de las personas tiene un concepto poco profundo del amor, aunque apenas ha experimentado alguna evidencia de lo que verdaderamente es. El amor verdadero está reseñado en el siguiente pensamiento: "¿Qué puedo hacer para hacerte feliz?" Amar es más importante que ser amado. También es verdad que mientras más amamos más amor recibimos. Los griegos llaman a esto *ágape*. El amor familiar fue nombrado *storge*. La palabra usada para designar el amor en el compañerismo y la amistad era *filos*. *Eros* era la palabra para designar el amor físico. La expresión más profunda del amor físico se ve en el amor de un hombre y una mujer. Sólo cuando dos personas están dispuestas a entregarse completamente, para llevar el uno la alegría y el gozo al otro, es cuando el esposo y la esposa alcanzan el amor otorgado a ambos. El amor verdadero envuelve a todo.

VII. El deseo de tener una vida significativa

Éste es el propósito definido de cada persona. Durante la Segunda Guerra Mundial se observó que solamente aquellos prisioneros que habían encontrado un significado para la vida lograban sobrevivir.

La persona que conoce el "por qué" de vivir puede soportar los "cómo" del vivir. Una vida significativa implica que la persona reconozca quién es y qué quiere llegar a ser, como aceptar el amor de otros implica, a veces, sufrir por los demás, que es el precio que se paga por ser miembro de la raza humana. La actitud y entereza demostrada hacia el sufrimiento, revela la perspectiva de una persona en la vida. Pero el sufrimiento no tiene sentido, a menos que sea necesario. Solamente por medio de la reflexión es que podemos ver las lecciones aprendidas en el sufrimiento. Estos son los deseos innatos de cada corazón humano.

Probablemente recuerdes, durante tus días en la escuela secundaria, a muchos atletas que fueron sobresalientes en el campo de juego. Sus habilidades latentes se desarrollaron como resultado de la tensión en el juego, los aplausos de la multitud y el deseo de ganar. ¡El deseo obliga! Es muy poderoso.

El deseo ardiente te provee la energía necesaria para romper con el cautiverio del pasado.

Cada uno de nosotros edifica barreras en la mente a causa de los pensamientos negativos de los otros, que hacen pensar en lo imposible del triunfo. Siembra en tu mente los siguientes pensamientos que te llevarán a la realización de tus sueños:

1. Puedo tener éxito.
2. Puedo tener una vida significativa.

3. Puedo superar el temor y la preocupación.
4. Puedo comprenderme a mí mismo y a los demás.
5. Puedo tener salud y ser una persona alegre.
6. Puedo romper con la barrera del pasado y destruir mis "débiles puentes".
7. Puedo ser un transformador de la sociedad y de sus desventajas.

El deseo ardiente puede ayudarte a superar cualquiera de las barreras que impiden tu progreso. No importa a qué categoría pertenece tu deseo ardiente, puedes alcanzarlo, si sabes lo que es. Sin embargo, el primer paso para lograrlo consiste en definirlo con suficiente claridad.

Mucha gente se entretiene en sueños y deseos, pero los sueños perezosos pronto mueren por falta de sustento. Todos estos sueños inactivos pueden convertirse en realidades si se sacan de la categoría de "inactivos". Esto lo consigues eliminando todo tipo de duda y temor.

Si hace muchos años sueñas con algo, aplica a ese "algo" especial algunas sugerencias que te ayudarán a conseguirlo. Hazte las siguientes preguntas:

1. ¿Es esto en realidad lo que quiero hacer?
2. ¿Es esto en realidad lo que quiero ser?
3. ¿Es allí en realidad hacia donde quiero ir?
4. ¿Es esto en realidad lo que quiero lograr en mi vida?
5. ¿Qué estoy dispuesto a sacrificar para alcanzarlo?

6. ¿Es realizable? Esto es importante, no puedes esperar ser el primer hombre en llegar al planeta Marte si te mareas en un avión.

Después de haber definido con claridad tu deseo ardiente y darte cuenta exactamente de lo que deseas en la vida, debes emplear un gran esfuerzo para desarrollarlo en las formas siguientes:

(a) Acéptalo mentalmente.

Considérate digno de él. Recuerda que eres una persona única, solamente hay uno como tú en la Tierra, por lo que estás destinado a ser GRANDE. Si tu deseo ardiente es digno, entonces eres digno de él. Hazlo tuyo y repite muchas veces cada día que lo mereces y vas a lograrlo.

(b) Imagínate que lo alcanzarás.

Cada vez que pienses en él, y debes hacerlo constantemente, grábalo en la mente y considera que estás viajando a través del tiempo y espacio para aterrizar a la entrada de tu anhelo.

(c) Elimina todos los pensamientos negativos.

¡La duda y el temor no tienen lugar en tu vida de ahora en adelante! ¡Convéncete que tu deseo ardiente está por llegar y que VAS A ALCANZARLO!

Cada vez que una duda se asome cierra la puerta de tu mente y no la dejes entrar. Destrúyela con un pensamiento positivo. Al principio no necesitas saber el "cómo" y el "por qué" de tu ardiente deseo. Esto sucederá a su tiempo. Así que elimina toda duda, temor y titubeo.

(d) Comienza a creer y actuar como si ya se hubiera realizado.

Grábate en la mente la forma como vas a actuar y sentir cuando tu deseo ardiente sea alcanzado. Piensa en eso, sueña despierto y comienza a actuar y sentir de esta manera, ahora mismo. Esta práctica te preparará para el hecho verdadero.

(e) Escríbelo.

Expresa tu deseo ardiente en pocas palabras o inventa una palabra que identificarás en tu mente con tu deseo ardiente. Escríbelo en varias tarjetas, pégalas en tu espejo o en el de tu automóvil, o en cualquier sitio en que pongas los ojos varias veces durante el día. Guarda una ficha en tu bolsillo o en la cartera y sácala a menudo durante el día. Al leerla, recuerda que el deseo ardiente está por llegar.

(f) Enamórate de él.

Recuerda cuando te enamoraste de quien es ahora tu cónyuge. Esta persona fue la que escogiste con todo tu corazón porque era diferente. Como hombre estabas tan consumido y obsesionado por el deseo de hacerla tu esposa, que empleaste todo tu tiempo y energías para lograrlo. Pensaste constantemente en ella, soñaste con ella y la cortejaste con todas las fuerzas de tu imaginación. Ésta es la misma cosa que debes hacer por el deseo ardiente. ¡Enamórate de él con todas las fuerzas y hazlo tuyo!

Al empezar este programa diseñado para alcanzar tu deseo ardiente, y una vez que practiques todas las reglas que hemos establecido para ti, te sorprenderá ver las cosas estupendas que comenzarán a sucederte en la vida. Tal vez una palabra dentro de una conversación te proporcionará la oportunidad que te empujará aún más hacia el éxito. Recibirás cooperación de otras personas; se te presentarán oportunidades que nunca esperabas. Desarrollarás tu capacidad para solucionar cualquier situación que se te presente.

Todo esto es parte de lo maravilloso que te sucede cuando estableces tu propósito, seleccionas tus metas y creas tu deseo ardiente.

Cada negocio tendrá más éxito y será más productivo cuando sus dirigentes asimilen una buena dosis de deseo ardiente.

El deseo ardiente atrae las habilidades naturales y las convierte en el más alto potencial, y crece en proporción a su libertad y uso.

Cualquiera que sea la etapa imagínate con más éxito y deja que tu deseo ardiente te anime a seguir adelante. Frecuenta a los que han aprendido a emplear sus mejores habilidades para mejorar sus vidas y aprenderás a desarrollar tus propias habilidades. Las personas de éxito mantienen latentes sus deseos durante sus periodos de actuación. El deseo ardiente te recuerda que puedes alcanzar lo que deseas, te anima a seguir y te dice constantemente: ¡Puedes hacerlo!, ¡puedes ser el mejor!

Recuerda que no hay límite para tus habilidades; que la única y real competencia está dentro de ti.

¡Tú puedes ser... el mejor!

Pon el poder de la mente a trabajar en tu

AUTOIMAGEN

¿Recuerdas el famoso episodio bíblico de David y Goliat? Este episodio trata de dos individuos singulares en una lucha a muerte. Goliat, un gigante de dos metros de alto, de pura imagen: vestido con ropas de vivos colores y cubierto de una brillante armadura. Su oponente, un joven débil y mal vestido, sin imagen aparente y sin armadura alguna. Sin embargo, lo aventajaba en la gran confianza que tenía en sí mismo. Esta confianza le dotaba del poder necesario para vencer todos los obstáculos y todas las desventajas. Esta confianza lo hizo un héroe en los libros de historia.

Muchas veces "Goliat" es tu temor a no poder hacer lo que deseas: necesitas fortalecer tu imagen. Sólo cuando desarrolles una confianza propia y verdadera tendrás la autoimagen necesaria para alcanzar un lugar especial.

El espacio más grande del mundo es el destinado a tu propio mejoramiento.

Tal vez no lo hayas notado, pero cada persona posee una autoimagen adversa hasta que no ha tenido éxito en algo. Te formas tu autoimagen en la mente y generalmente es inferior a la realidad. La única desventaja que cualquiera tiene se encuentra entre sus dos oídos. Todos tus impedimentos son mentales. Tienes que formar en tu mente una imagen dinámica de tu persona.

Un instrumento importante en este proceso consiste en alcanzar la habilidad de tomar tus propias decisiones. La gente tienen miedo a tomar decisiones y desperdicia todas sus oportunidades. "Muéstrame a una persona que pueda tomar una decisión rápida y te mostraré a un ganador constante".

Puede ser que tengas el vicio de subestimarte. Si es así, prepárate para un cambio. Si quieres aprender a desarrollar las características del éxito debes llegar a conocer muy bien a alguien que has visto toda tu vida; aunque no lo has estudiado con cuidado, ni lo has analizado cabalmente; ni siquiera lo comprendes... *¡Sí, ese alguien eres tú! Dedica tiempo para estudiarte a ti mismo porque eres la persona más importante del mundo, a pesar de lo que pienses o de lo que te han dicho. Tienes la llave, estás en el asiento del conductor del aparato más asombroso conocido por el hombre: la mente humana.*

Casi siempre has visto solamente la superficie sin ahondar en su tremendo potencial. Sólo tú puedes abrir tus fuerzas ocultas para dirigir tus pensamientos, para controlar tu vida y cumplir con el propósito que te propongas.

Tu autoimagen proyecta tus actitudes hacia la gente y tus acciones y reacciones a las oportunidades. A menudo es como el niño criado en un orfanatorio. Al saber su situación se desanimó tanto y estaba tan descontento que se fugó. Después de una larga búsqueda lo encontraron en el techo de una fábrica, escondido detrás de un barril. Cuando le preguntaron por qué se había fugado, respondió: "Yo no significo nada para nadie". Esto refleja la actitud de muchos hacia sí mismos. Para tener éxito y estar contento debes significar algo para alguien y tener una buena autoimagen.

Una de las enseñanzas más grandes es: "Amarás a tu prójimo como a ti mismo". Amarse a sí mismo significa aceptarse tal y como se es. Tener apreciación de lo bueno que hay en ti significa comprender tus faltas sin llegar a aborrecerte y por supuesto tratar de corregirlas. Esto no quiere decir que te ames a ti mismo en un sentido egoísta o exagerado, sino que debes tener el mismo respeto y la debida apreciación para otros como los tienes para ti. Fuiste creado para tener una vida llena de satisfacciones. Lucha contra los impedimentos que no te dejan tener una super-imagen.

El hombre nació para tener dominio sobre la Tierra. Sólo di "Sí" a la vida y vívela en toda su intensidad. Cree en ti mismo. Mejórate cada día, desarrolla tu propósito loable y te sorprenderás cuando veas a tu vida adquirir un nuevo significado. Comenzarás a experimentar una alegría jamás imaginada.

Has alcanzado una pequeña parte de tu potencial. El goce, la satisfacción y los logros adicionales esperan a los que tienen la voluntad para creer.

Comparado con lo que debiéramos ser, estamos usando solamente una parte pequeña de nuestras reservas físicas y mentales. Hablando en sentido general, el ser humano que vive demasiado dentro de sus límites ignora poderes que habitualmente no llega a usar.

Uno de ellos es "la timidez", que muchas veces es el "enemigo" del éxito y de la mejor autoimagen de un ser humano.

No seas demasiado tímido y excesivamente modesto con respecto a tus acciones. Toda la vida es un experimento. Cuanto más experimentos hagas, mejor. ¿Qué pasaría si los experimentos fueran un poquito crudos y tal vez te manchas o desgarras tu vestido? ¿Qué pasaría si fracasaras y te empujaran en el lodo una o dos veces? *Levántate otra vez, nunca más tendrás temor de una caída.*

Una de las más grandes debilidades del ser humano es la incapacidad de aceptarse y disfrutar consigo mismo. Muchos se ocupan en tratar de ser otra persona. Otra persona que ellos no pueden ser. A nadie le gusta un hipócrita, un fanfarrón, un soberbio. Esta gente no cree en sí misma o en lo que hace y dice. No toma tiempo para analizarse o decidir quién es, o en qué cree. Deja de ser honesto con él mismo. ¡Su vida es como una veleta, carece de objetivos para edificar su existencia! Demasiados años ha malgastado en una vida que es imposible, tratando de cumplir el destino de otro. ¡Tú tienes el tuyo, cúmplelo!

Analízate, detente y obsérvate. ¿Te complace lo que ves? ¿Dónde estás situado en estos momentos? ¿Hacia dónde vas? ¿Cuáles son tus creencias? Si no estás progresando, tal vez es porque no te sientes digno. Tienes que mejorar tu imagen. Pon más en la vida. Desarrolla una imagen propia que sea digna de vivir, pon en acción esta nueva persona. Pronto estarás diciendo. ¡Qué vida tan grande! ¡Qué alegría tan maravillosa!

El mundo de hoy en día bulle con la conversación sobre el espacio, los satélites y otras galaxias. Sin embargo, la mente que produce estos pensamientos tiene tanto espacio y profundidad inexplorados, como la distancia que nos separa de las estrellas. La mente es energía, muchísima energía.

Hay ciertas llaves para descubrir esta energía potencial. Sólo estas llaves abrirán ese espacio vasto e inexplorado conocido como mente. No podemos usar lo que nos ofrece la vida sin antes seguir ciertas leyes internas que nos proyectan hacia el exterior.

Tú tienes habilidad. Comienza por creerlo, trata de mejorar y desarrollar tu poder. Tal como te ves, así te verán los demás. Si te consideras débil, tímido y falto de propósito positivo, seguramente los demás tendrán este mismo concepto de ti.

Desarrolla el poder de tu voluntad y como una luz estallarás en el cielo meteórico de la vida; como energía, como uno que ha comenzado su jornada a las estrellas.

Parte de tu combustible es una autoimagen clara, como un recipiente de cristal, transparente. La verdad está en tus ojos, las mejores relaciones humanas se inician en el encuentro cara a cara. Si no puedes mirar a alguien directamente a los ojos, corrige la causa que te impide hacerlo

Continúa buscando en tu interior cualquier otra cosa que te impida la autoconfianza para ver a otros con seguridad y entusiasmo. ¡Adelante, mírate por dentro! Esto te perturbará al principio. Elimina los temores. ¡Siempre hay algo que se puede mejorar!

No es posible que los demás te acepten si no lo haces tú primero. Las carencias que les ves a otros son las tuyas, ves el reflejo de lo que te falta. No hay manera de tener una actitud saludable hacia la vida y hacia las personas sin tener una estimación y una comprensión altas de sí mismo. *Sé tú mismo y acéptate, los demás lo harán de manera automática.*

He aquí lo que Benjamín Franklin hacía: tomaba una hoja de papel y trazaba una línea por el medio. A la izquierda escribía "Sí" y a la derecha "No". Luego se evaluaba de acuerdo a ciertas características. Empleando la lista de características deseables que siguen a continuación, puedes evaluarte señalando si posees o no esas cualidades.

Integridad	Juicio	Cortesía
Honestidad	Paciencia	Ambición
Entusiasmo	Consideración	Tolerancia
Dominio propio	Amistad	Creatividad
Persistencia	Gratitud	Humildad
Discreción	Humor	Agresividad
Apreciación	Imaginación	Comprensión
Decisión	Optimismo	Honradez
Lealtad	Valentía	

La evaluación es el principio del progreso. Esfuérzate para mejorar las cualidades señaladas en el lado "No" y siéntete orgulloso de las cualidades en el lado "Sí".

EL PRIMER PASO EN LA RUTA HACIA LA GRANDEZA DE LA INTEGRIDAD

La integridad es la cualidad más grande en la vida. La integridad comienza y florece siendo honesto consigo mismo; entonces se podrá ser honesto con el prójimo sin reservas mentales. Si no puedes ser honesto primero y sobre todas las cosas, no serás nada. Éste es el principio de tu crecimiento. Honestidad es caminar con la cabeza en alto por la vida sabiendo que cada día eres mejor y que te conoces y aceptas como eres.

Ser tú mismo es tu oportunidad más grande y el más alto privilegio. Todos nosotros tenemos la misma oportunidad de ser leales con nosotros mismos. La oportunidad es tremenda, has soñado muchas veces en explorar una caverna con tesoros escondidos. Sin embargo, ¿cuánto tiempo has dedicado a los tesoros no descubiertos que están escondidos en la mente? ¿No crees que deberías tomar tiempo para buscarlos? Lo que encontrarás te resultará sorprendente. Grandes cosas entrarán en tu vida cuando aceptes una actitud de "honradez hacia ti mismo", entonces, sí, solamente entonces, podrás ser verdaderamente honrado con los demás.

Otra de tus grandes cualidades es tu individualidad. No hay nadie como tú. Naciste con la capacidad para determinar tu propia dirección y lugar en la vida, y sabes que no quieres seguir a la mayoría si ella está equivocada. Naciste para ser tú mismo. Sé, pues, eso y nadie más. Tu individualidad es el camino al éxito, sabes más de ti que cualquier otra persona: por lo tanto, busca profundamente en tu interior, valórate a ti mismo en la quietud y en la oscuridad. Mientras estás solo y sereno eres honrado y sincero. No seas hipócrita; no des una impresión falsa; sé siempre consciente del hecho de que no hay nada que asegurará más tu éxito personal que tu propia integridad, entusiasmo y autoconfianza. La confianza en el hecho de ser único puede ser tu mayor motivación. Desarróllala y ponla en acción.

La conformidad te impide ser creativo, único. Tu vida es demasiado preciosa y demasiado corta para ser malgastada en la conformidad. La conformidad te impedirá descubrir tu personalidad real.

Haz que cada día cuente, disfrútalo. Vive totalmente cada día. "Vive tu vida hoy mismo". Cuando vivas hoy en la forma debida, el mañana caerá en el lugar adecuado. Es importante que cada día sea alegre y significativo. Ningún día debe ser aburrido, sino una aventura emocionante.

Cambia tu imagen. Créete capaz de ser un ganador en esta aventura hacia el éxito y estarás en el camino adecuado. He aquí otra gran luz y orientación para tu viaje: Es la fe, y no los beneficios, lo que te estimulará de una ganancia astronómica, a otra y a otra más. Por lo tanto, mientras continúa tu viaje al descubrimiento de ti mismo, recuerda estas evaluaciones básicas:

¿Estás trabajando para tus ideales o para tu provecho material? El provecho material puede desaparecer, pero tus ideales llegan a ser parte de tu carácter y de tus últimos recursos diarios. Los provechos materiales pueden satisfacer solamente tus apetitos físicos pero no pueden formar parte de tu patrimonio espiritual. Los ideales traen satisfacciones a los anhelos más hondos del corazón y llegan a ser la estrella que guía tu destino. Los ideales son un verdadero patrimonio que se quedan contigo hasta la eternidad.

Los ideales te sostendrán a través de toda crítica, infundiéndote autoconfianza. Puedes mantenerte firme en tus convicciones cuando sabes que estás en el terreno sólido de tu mejor intención. Puedes disfrutar de cualquier crítica que te empuje más allá de la multitud en el camino a los propósitos más altos.

Los ideales te prepararán para usar todas tus capacidades y habilidades protegiéndote constantemente de la mediocridad.

Los ideales te dan un gran poder para elevarte a los niveles que jamás podrías alcanzar solo.

Tus ideales te mantienen descontento con lo que eres. ¿Qué serás dentro de diez años? *¡Comienza a ser hoy lo que quieras ser dentro de diez años!*

Haz el mejor uso de la voluntad:

El poder de la voluntad es el incentivo para seguir adelante cuando otros se han rendido. El uso correcto de la voluntad te habilitará a poner en acción tu pensamiento positivo.

El poder de la voluntad sirve como un imán que saca recursos del infinito. La voluntad tiene el poder de atraer, cambiar, transformar y acelerar nuestras cualidades. Es importante, entonces, cultivar el poder de la voluntad estableciendo primero lo que quieres llegar a ser y alcanzarlo.

Elimina todo aspecto negativo de tu vida y reemplázalo con uno positivo.

"Cada vez que un pensamiento negativo trata de entrar en mi mente, yo me entero inmediatamente de él y lo rechazo con un pensamiento positivo. Mi confianza en mí mismo está aumentando cada día, adquiero dominio sobre mí mismo... La naturaleza me ha otorgado grandes poderes de concentración mental. Puedo mantener mis pensamientos en una idea única hasta que decida echarla de la mente... Tengo dominio sobre mi ser y puedo controlar completamente mi voluntad. Mi mente está meditando sobre pensamientos pacíficos y armoniosos".

Podemos lograr lo que llegamos a concebir y creer. Gran parte de las hazañas humanas consisten en el entrenamiento del subconsciente. Los grandes hombres de todos los tiempos son los que tienen la voluntad y la disciplina para hacer uso práctico de las mismas.

Los que creen en el poder y en el ejercicio disciplinado del subconsciente han hecho de sus aspiraciones una realidad. La falta de ideales ha causado estragos a la creatividad del hombre y a su potencial. Las etapas del pasado están llenas de escombros de estrellas caídas, los que "hubieran podido ser". Mientras que los libros de historia hablan de los que pasaron por el proceso que te estamos explicando y se convirtieron en hacedores y héroes, tuvieron un ideal y lo llevaron a efecto. "El subconsciente no se molestará en funcionar para los que no creen en su valor". El subconsciente no descansa nunca, puede hundirte o proyectarte a las estrellas.

Puedes hacer que tu subconsciente cumpla tus mandatos. Pongamos un ejemplo sencillo, toma un pedazo de papel y dóblalo varias veces; los pliegues que se forman al doblarlo debilitan rápidamente la fibra del papel y lo romperán. Lo mismo va a suceder con las órdenes y orientaciones continuas dadas al subconsciente. Con cada orden repetida quedan impresiones profundas y perdurables.

ÉSTA ES LA HORA PRECISA. ¡La hora para la decisión, modifica tu autoimagen anterior y fórmate una nueva!

¡CAMBIA TU AUTOIMAGEN Y
RENUÉVATE COMPLETAMENTE!

¡Tú puedes ser… el mejor!

ERES IMPORTANTE, PERO LOS DEMÁS

TAMBIÉN LO SON

"Ningún hombre es una isla por sí mismo. Todo hombre es como un pedazo de continente, es parte de algo más grande... La muerte de cualquier ser humano me empequeñece, porque soy parte de su humanidad; por eso no preguntes por quién doblan las campanas, ellas suenan por ti".

No fuimos creados para subsistir aislados o para vivir y morir dentro de nosotros mismos. El hombre está estrechamente "ligado a la humanidad". El mundo está formado por personas que se necesitan mutuamente. La mayor felicidad se deriva de nuestra relación con nuestro Creador y con nuestro prójimo.

Piensa en las siguientes siete reglas para mejorar tus relaciones con otras personas:

- Hazte agradable mediante el respeto y el genuino interés que pones en otras personas. Logra el máximo de tu personalidad y apariencia. Muestra siempre tu mejor sonrisa, recuerda que nadie se interesa en un rostro taciturno y serio.

- Recuerda a las personas por su nombre. El nombre constituye para la persona el más importante y agradable sonido en cualquier idioma. Puedes ganar más amigos en dos meses interesándote genuinamente en otras personas, que en dos años tratando que otras personas se interesen en ti. Demuestras interés cuando recuerdas el nombre correcto de los demás.
- Muestra tu aprecio por lo que las otras personas hacen. Sé siempre cordial en tu apreciación y pródigo en tus alabanzas. Aprecia en los demás hasta el esfuerzo más pequeño. Así inspirarás a los otros a seguir superándose. Cuando se halaga a un individuo, se le abre la puerta para ayudarlo a mejorar. Busca lo mejor en otros y te quedarás asombrado al descubrir que la característica más importante que posees es la habilidad de ver lo mejor en el ser humano.
- Escucha atentamente las palabras de las otras personas. La mayoría de quienes conoces tienen hambre y sed de comprensión y aprecio. Ofrece ambas cosas en abundancia y recibirás en compensación mucho afecto.
- Deja que los intereses de los demás sean el tema de la conversación, así les darás la oportunidad

de expresarse y podrás conocerles y comprenderles mejor. No muestres aburrimiento ni permitas que a tu rostro se asome una actitud de "ya lo sabía". Cuando interrumpes a tu interlocutor le demuestras que lo que él dice no es digno de tu atención ni de tu tiempo; háblale de temas directamente vinculados a su vida y lo convertirás en un amigo.

- Haz que las otras personas se sientan importantes. Uno de los mejores medios para establecer buenas relaciones con otras personas es apreciando sus opiniones. Es más agradable una persona cuando hace sentir importante a otro individuo.
- Debes tener cuidado con la crítica y la actitud negativa en tu conversación y en tu conducta. "Cualquier necio puede criticar, condenar y quejarse. La mayoría de los necios lo hacen". "¿Quién ha visto una estatua erguida a un crítico?"

Siempre hay una razón para que un individuo actúe como lo hace. Dale una oportunidad y él te dará las razones que tiene para actuar y proceder de esa manera.

Algunas sugerencias que te ayudarán a tener amigos por montones:

I. Aprende a ser cortés y servicial en la forma que más beneficie a los demás.
II. Trata a otras personas como quieras ser tratado.
    Todas las religiones del mundo consignan en

una forma u otra la siguiente regla: "Haz por los demás lo que quisieras que ellos hicieran por ti". Éste es el punto más importante que debes recordar en tus relaciones con el prójimo.

Si no estás de acuerdo en cómo actúan determinadas personas detente un momento a pensar y busca la causa y el "por qué" de sus acciones. Trata de ponerte en los zapatos de esa persona. Cuando ayudas a otro a conocerse a sí mismo, no sólo tienes la satisfacción de saber que has participado en su mejoramiento, sino que tú mismo recibirás un estímulo al saber que has dado lo mejor de ti a alguien... que has tratado a esa persona como quisieras que esa persona te tratara a ti.

III. Escucha lo que alguien trata de decirte y ayúdalo a encontrar una dirección positiva.

La mayoría de las personas están tan "enconchadas" en sí mismas que no se interesan por nadie más. Pero tú sé diferente, presta atención a los demás.

Escucha la historia de otra persona.

Escucha la historia completa de otra persona.

Escucha primero la historia completa de otra persona.

IV. Sé consciente de las necesidades de las demás personas y haz todo lo posible por comprenderlas; más que ayuda y consejos, la gente busca comprensión.

V. Deja que el amor motive cada uno de tus actos.

El odio, la envidia y el rencor consumen la misma energía que un trabajo fuerte de ocho horas. Esto es algo que nadie puede permitirse. El amor es la única fuerza poderosa capaz de unir y hermanar a los seres humanos.

Clara Barton, fundadora de la Cruz Roja norteamericana, relata que una vez un amigo le preguntó si recordaba el incidente desagradable en el que alguien hizo una crítica violenta contra su persona. Clara Barton parecía no poder recordar.

—¿De veras no recuerdas? —Le preguntó el amigo.

—No, —respondió ella—, recuerdo específicamente que quería olvidarlo.

VI. Desea siempre lo mejor para aquellos que se aprovechan de ti.

Un comerciante dueño de una pequeña tienda de ropa situada en un área proletaria de una gran ciudad se encontraba casi en quiebra. Sus clientes acostumbraban comprarle a crédito la mercancía. Durante una época de depresión económica éstos no podían liquidarle sus cuentas. Las deudas del propio comerciante se habían acumulado de tal manera que pronto se vio forzado a pensar en cerrar la tienda.

Un día, comentando el problema con su consejero espiritual, éste le dijo: "¿Por qué no haces el esfuerzo de conocer los problemas económicos de cada uno de tus clientes? Interésate en ellos y cuando les pases la cuenta por su deuda, inclúyeles siempre una nota personal deseándoles prosperidad. Cada vez que envíes tus cuentas por cobrar eleva una pequeña oración por el bienestar de tu cliente y por la solución de sus problemas".

El comerciante no estaba muy seguro de esta solución, pero su situación desesperada lo llevó a poner en práctica la nueva fórmula. Los resultados fueron fantásticos. De los 127 clientes en deuda, más de la mitad liquidaron y el resto pagó al menos una porción de la misma. En poco tiempo pudo levantar su negocio a un nivel más próspero del que hasta ese momento había alcanzado.

VII. Reconoce la importancia de todas las personas que conoces.

Algunas veces las personas que conocemos accidentalmente necesitan más afecto y comprensión que nuestros propios amigos. Todos somos "algo" ante los ojos de Dios. Basado en este pensamiento, puedes asistir a tu prójimo y en esa misma medida recibirás la recompensa.

VIII. Cuando creas en algo digno, entrégate por completo.

La llave del triunfo radica en dar todo lo que posees. En cierta ocasión un famoso instructor de deportes dijo:

"El problema con otros individuos, sean atletas o no, es que siempre dejan algo de reserva".

Un trapecista enseñaba a sus alumnos la forma de ejecutar un acto en el trapecio. Después de explicar los conocimientos necesarios les pidió que le demostraran su habilidad para hacerlo. Uno de los alumnos, que estaba subido en su trapecio, se llenó de pánico y pálido logró murmurar: "no puedo hacerlo". El instructor puso su brazo sobre el hombro del alumno y le dijo: "Tú puedes hacerlo y te explicaré cómo: lanza tu corazón sobre el trapecio y tu cuerpo lo seguirá después".

Los psicólogos han aprendido a través de muchos estudios que el ser humano utiliza la mayor parte de su tiempo para pensar en sí mismo. Sin embargo, el verdadero crecimiento espiritual comienza cuando pensamos en las demás personas y en la mejor manera de relacionarnos con ellas. La verdadera relación humana es el resultado de un corazón que se preocupa por el mundo que le rodea. Este interés se refleja en una personalidad persuasiva llena de paz y sencillez, y libre de resentimiento y confusión.

CURSO COMPACTO DE RELACIONES HUMANAS:

Las cinco palabras más importantes	Me siento orgulloso de ti

Las cuatro palabras más importantes	¿Cuál es tú opinión?
Las tres palabras más importantes	Hazme el favor
Las dos palabras más importantes	Muchas gracias
La palabra más importante	Nosotros
La palabras menos importante	Yo

¡Tú puedes ser... el mejor!

Enfrenta la vida con una

ACTITUD MENTAL POSITIVA

Una vez que conoces todo el potencial con que cuentas puedes comenzar con metas positivas en lugar de continuar una vida de rutina y desaliento. Éste es el momento para que te descubras a ti mismo; ahora sí puedes hacerlo, pues ya puedes cambiar tu manera de pensar.

Puedes reflexionar las formas de llegar a poseer una actitud mental positiva. Entonces también comenzarás a anticipar las posibilidades existentes en la vida. ¿Quién sabe? Quizás eres un "genio dormido". Es probable que todo lo que tu talento necesita es despertar.

Hay infinidad de posibilidades en tu vida que a lo mejor no has considerado. Trabajando duramente lograrás desarrollar tu potencial, de tal manera que quedarás asombrado de lo que puedes lograr si te lo propones. Probablemente, a través de los años tus amigos han visto más potencial en ti, del que te has atrevido a reconocer;

ya es tiempo de que te decidas a explotar positivamente tus habilidades como se espera de ti.

"*Cuando piensas en términos negativos, espera resultados negativos. Cuando pienses en términos positivos, espera resultados positivos*".

El mayor enemigo del hombre es pensar negativamente. Esto puede producirte duda, temor y preocupación.

La mente también puede conducirnos a situaciones trágicas:

- Existen 25 millones de estadunidenses sufriendo de algún tipo de enfermedad mental en proporción de uno entre cada diez personas.
- El número de suicidas es mayor que los que mueren de las cinco enfermedades infecciosas más fatales.
- Durante la Segunda Guerra Mundial, 330 000 americanos murieron en combate. En ese mismo periodo de tiempo, dos millones de personas murieron de alguna enfermedad del corazón. Más de un millón de estas muertes fueron causadas probablemente por el temor y la preocupación. La preocupación causa angustia, fracaso, falta de comprensión e infelicidad.
- Durante la Segunda Guerra Mundial más de dos millones y medio de hombres fueron rechazados por las Fuerzas Armadas a causa de enfermedades mentales.

- El 70% de los pacientes de un médico pueden curarse a sí mismos eliminando sus temores y preocupaciones. La tensión emocional es la causa de la indigestión nerviosa, las úlceras estomacales, los desórdenes del corazón, el insomnio y los dolores de cabeza.

Vivimos en una sociedad de personas preocupadas. Hay algunos que hasta se preocupan por sus preocupaciones. El filósofo francés Montaigne dijo: "Mi vida ha estado llena de desgracias terribles, la mayoría de las cuales nunca sucedieron".

Prueba esta fórmula para vencer la preocupación:

1. Recuerda que la mayoría de las cosas que te preocupan nunca suceden.
2. Pregúntate: ¿Qué es lo peor que puede pasar?
3. Disponte a aceptarlo si no tienes otra alternativa.
4. Escoge las mejores lecciones de la vida e inspírate en ellas diariamente.
5. Trata de vivir cada día.
6. No trates de cruzar el puente hasta que no llegues a él.

Ha llegado a ser evidente que las personas que no logran controlar y vencer sus preocupaciones mueren muy jóvenes o tienen vidas desgraciadas. En tu camino encontrarás desviaciones peligrosas. Algunas son la preocupación, la lástima de sí mismo, el temor, la culpa y el pensamiento negativo. Anticipadamente disponte a superarlos, *písalos, aplástalos, continúa tu camino.*

La preocupación es tan perjudicial que consume más energías en un corto tiempo de preocupación que en doce horas de ejercicio físico y mental. Existe sólo una forma razonable de preocuparse: durante una semana recopila y anota en una lista todas las cosas por las cuales debes preocuparte; el viernes, a las cinco de la tarde, siéntate en una silla confortable con tu lista de preocupaciones y preocúpate. Preocúpate primero por cada uno de los incidentes anotados en la lista y luego preocúpate por todos ellos en conjunto. Si esperas hasta el fin de la semana para preocuparte, mientras puedes dedicar tu tiempo a una labor constructiva. Pronto estarás tan ocupado en tu labor que no te quedará tiempo para preocuparte.

Parece absurdo, ¿no es verdad? La preocupación es absurda. Es tan absurda que debes eliminarla. Sustituye una preocupación por un pensamiento agradable. Se estima que el 92% de las cosas que nos preocupan nunca llegan a suceder o es algo que está fuera de nuestro control; así que, ¿por qué desperdiciar nuestro tiempo y nuestra energía preocupándonos si de esa manera no vamos a resolver la situación?

Las circunstancias pasadas no tienen nada que ver con los acontecimientos del futuro. *No existe el hecho de fracasar habitualmente, sino de pensar habitualmente en el fracaso. No fertilices ni cultives tus bloques mentales.* Si tu deseo de triunfar es suficientemente grande, no te quedará tiempo para preocuparte. Cuando la voz de la preocupación te llame, por favor, no le respondas. *¡No dejes que la preocupación te domine; ten dominio de ti mismo!* Hazte el hábito de decidir por ti mismo la actitud mental que debes asumir. *Desecha la idea de que eres hoy todo lo que vas a ser. Ésta es una forma falsa de pensar y debilita tu potencial.* Imagina que tu mente es un automóvil. Pon la velocidad en "primera" y arranca, nunca permitas que tu carro permanezca en "posición neutral" o en "marcha atrás".

Una actitud mental correcta te lleva a una acción positiva.

"No te preguntes por qué no puedes hacer algo, pregúntate cómo puedes hacerlo". Podrás realizar las hazañas más grandes cuando aprendas a convertir tus sentimientos negativos en sentimientos positivos. Un pensamiento positivo te dará la llave, cuando todas las puertas parezcan cerradas, para lograr tu objetivo.

Muchas personas, debido a su actitud apática e indiferente jamás intentan nada que valga la pena, otros se dejan dominar por el pesimismo y el desánimo en forma tal que en vez de emprender la carrera con dinamismo, se van arrastrando lentamente. ¡Tú eres digno de algo mejor! El temor al fracaso a veces nos impide arriesgarnos. Domina la indecisión y la duda, y aventúrate a lo desconocido. Desafía y vence los obstáculos. *Nadie tiene derecho a criticar al que se arriesga. Solamente los que se arriesgan ganan.* Solamente el que busca encuentra. El camino de los ganadores está lleno de fallas y de fracasos temporales. Un ganador nunca se rinde.

Todo el mundo recuerda al famoso jugador George Herman "Babe" Ruth, que llegó a conectar 714 cuadrangulares, por lo que es reconocido hoy como el mejor bateador del mundo. Sin embargo, muchos no saben el hecho de que el propio Babe Ruth ocupa el primer lugar entre los jugadores que han recibido el mayor número de ponches, con un total de 1 330; ¡él no temía a los fracasos, sólo quería ganar! Es recordado y reconocido por sus éxitos, no por sus fracasos.

La derrota puede ser en tu vida un peldaño en el ascenso o una piedra con la que tropezaste. Existe un viejo refrán que dice: "Las asperezas de las montañas son las que nos permiten asentar el pie para seguir escalando".

Cuando cometas un error no te castigues pensando que vas a pasar el resto de tu vida cometiendo los mismos errores. Cuando piensas de esa forma, estás alimentando el cáncer del temor y la preocupación. Debes de analizar tus acciones cuidadosamente y canalizar tus pensamientos a aprender de tus errores.

Las situaciones que nos rodean son casi siempre producto de nuestro estado mental. Por lo tanto, adopta un estado mental optimista. Analiza cuidadosamente las circunstancias antes de tratar de modificarlas. Muchas veces todo lo que tienes que hacer es cambiar tu estado de ánimo o punto de vista.

Si quieres progresar y ser realmente libre debes, antes que nada, enfrentarte con tu peor enemigo: la autocompasión. Ésta es la actitud más destructiva que puedes asumir. Es una excusa, una pésima justificación. Puede destruir la iniciativa y el deseo de triunfar. ¡NUNCA sientas lástima de ti! Esto no contribuye en nada a tu propósito y te roba potencial para lograr tus metas. No quemes tus energías sintiendo lástima de ti mismo. Usa tus energías para quemar las debilidades y los obstáculos de tu vida, especialmente la autocompasión.

La autocompasión es sencillamente una forma de atraer la atención de los demás haciéndoles creer falsamente que de verdad has realizado tu mayor esfuerzo. Ésta llega a ser una trampa tan inadvertida, que los individuos caen en ella antes de darse cuenta que han tropezado siquiera. Vive consciente de esta trampa y esquívala.

Muchas personas viven convencidas de que no han tenido suerte en la vida, sin darse cuenta que la mal llamada suerte es *sólo* el producto del esfuerzo y la perseverancia. "Entre más trabajo, más suerte tengo".

Otros piensan que lo que les ha faltado es una mano que les guíe y ayude. Convéncete que la mejor mano que va a ayudarte está al final de tu brazo.

Es asombroso el resultado de un pensamiento negativo. Cuando piensas negativamente sólo produces acciones negativas. Evita estos pensamientos, tú puedes decidir, escoge el lado positivo de la vida.

Aprende a usar para beneficio propio el mayor tesoro que se te ha dado: tu mente. No la desperdicies ni malgastes simplemente porque te fue dada gratis. Desarrolla una mentalidad positiva.

El pensamiento positivo se basa en la actitud y en la fe. De tu actitud depende grandemente tu desarrollo. El conocimiento técnico es necesario, pero ciertamente no es lo más importante. La cualidad más ventajosa que posees es tu actitud. A la fuerza negativa que trata de detenerte se opone otra fuerza positiva directamente contraria que te empuja a seguir adelante. Esta fuerza es tu actitud mental positiva que te llevará siempre adelante.

En la vida de todo hombre llega la hora en la que tiene que rebelarse contra aquella demanda sin importancia de la sociedad y decidirse a ser la persona dinámica que es capaz de ser.

ATRÉVETE A SER DIFERENTE
DE LOS DEMÁS.
¡ATRÉVETE A SER GRANDE!
¡TÚ SERÁS GRANDE SI DE VERDAD
CREES QUE PUEDES SERLO
¡TODO DEPENDE DE TI!

Tú también puedes ser grande si te decides a serlo. Canaliza tus pensamientos y piensa siempre positivamente. Conviértete en la persona que siempre has querido ser. Di una y otra vez: "Llegaré a ser lo que forjé en la mente que voy a ser". ¿Qué estás pensando en este momento? ¿Es algo constructivo y agradable? ¿Contribuirá este pensamiento a tu éxito? Esto es lo que debes decidir en este momento. ¿Estás decidido a triunfar o te conformas con el fracaso? La decisión es tuya.

El 95% de las personas que conocemos han adoptado una actitud negativa. Si surge en tu mente una buena idea, probablemente tendrás que hablar con cien personas para encontrar cinco que te estimulen a desarrollarla. La mayoría de las personas que conoces encuentra siempre algo malo en cualquier cosa. Ellas no creen en el lado positivo de vida. La actitud negativa se convierte fácilmente en una puerta de escape para justificar el estancamiento del progreso de cualquier ser humano.

Hemos sido dotados de lo que necesitamos para realizar todo lo que nos proponemos mentalmente. Comienza hoy con una buena perspectiva de la vida y canaliza todas las posibilidades para alcanzar lo que te propones. ¡Qué distinta nos parecerá la vida! Enfoca tu vida hacia el triunfo, no hacia el fracaso; da la espalda al desaliento y destruye tu temor a la derrota.

El pensamiento positivo se caracteriza por lo siguiente:

- Conocimiento total.
- Absoluta honestidad.
- Verdadero entusiasmo.
- Dedicación total.

Esta nueva forma de pensar actúa como un talismán para lo bueno. Te permite desarrollar tus mejores cualidades, así como también estimula las mejores cualidades de los demás. Solamente el que tiene una actitud positiva puede trabajar en equipo.

Es agradable sentirse cerca de una persona que tiene esta cualidad. Con el dinamismo que se deriva de esta actitud llegarás a ser el líder, no parte de la multitud.

Cuando tomes la decisión de emprender algo nuevo, no cambies su curso. Mantén el rumbo, ¡tú sabes a dónde vas! Solamente un porcentaje pequeño en este mundo es capaz de dirigirse a sí mismo. Reconoce tus posibilidades, decide lo que quieres lograr en la vida, y conviértete en lo que quieres ser.

Cree en ti mismo y triunfarás. Recuerda que lo que eres hoy y hasta dónde has llegado, se lo debes al hecho de que eso es todo lo que has querido ser hasta este momento. La decisión es tuya. Si te decides hoy a cambiar, desde este mismo momento estarás empezando a triunfar. Éste es el momento de empezar a usar los talentos que llevas dormidos dentro de ti. Ponlos a trabajar.

Existen muchas personas que se consideran unas veces demasiado jóvenes, y otras demasiado viejas para emprender una aventura nueva hacia el triunfo. ¿Cuál es la edad propicia? ¡La edad propicia es precisamente la tuya en este momento! No existe edad específica para triunfar; por lo tanto, olvídate de este aspecto y decídete, podrás pensar en mil razones para justificar tus fracasos, pero no necesitas ninguna razón para justificar tus éxitos.

Recuerda que tu mente se asemeja a un paracaídas... que sirve únicamente si lo abres.

La mayoría de las personas temen que la rama del árbol se quiebre cuando ni siquiera han comenzado a subir al tronco. ¡Y es ahí precisamente donde está el fruto, en la punta de la rama, no a los pies del árbol! Tu actitud mental positiva te ayudará a trepar al árbol, luego la confianza en ti mismo te permitirá alcanzar la rama; si ésta se quiebra, en la caída, sujétate de otra rama y comienza de nuevo tu ascenso. ¡Esta vez trata de subir más alto!

No siempre en la vida el más fuerte, ni el mejor equipado, es el que tiene que enfrentarse a la batalla más difícil; sin embargo, el vencedor siempre resulta ser aquel que se propuso salir triunfante.

¡Tú puedes ser... el mejor!

La capacidad creativa de la

Imaginación

La imaginación creativa es nuestro recurso en las emergencias y las necesidades de la vida. Utilizamos esta ventaja para evitar que las situaciones lleguen a convertirse en problemas. La imaginación creativa expresada en forma de acción por aquellos que no temen a las críticas ha sido responsable del progreso de todas las civilizaciones. Una imaginación creativa abre las puertas cuando las circunstancias indican todo lo contrario.

Cada individuo posee atributos únicos en su imaginación creativa para salir triunfante en cualquier circunstancia de la vida.

La imaginación creativa ha sacado a muchos airosos de situaciones difíciles y les ha permitido realizar cosas que parecían imposibles.

Ejercita la imaginación. Mientras más se ejercita un músculo más se desarrolla; la actividad lo fortalece en vez de debilitarlo. Al igual que los músculos y los órganos, la inteligencia y el sentido común se atrofian cuando no se ejercitan.

La imaginación se puede estimular hacia el crecimiento. La imaginación crece por medio del ejercicio y contrariamente al criterio general es más poderosa en la persona con madurez que en el individuo joven.

LA IMAGINACIÓN CREATIVA ENCUENTRA FORMAS DE COMPENSAR CUALQUIER FORMA DE EDUCACIÓN, INSTRUCCIÓN O EXPERIENCIA

Es asombroso el hecho de que muchas de las maravillas del mundo han sido creadas por personas de limitada educación.

Henry Ford tenía una educación limitada. Sin embargo, poseía una tremenda imaginación creadora que lo llevó a la cumbre de la industria automovilística.

Ford nunca permitió que su limitada educación fuera un impedimento. En una ocasión fue criticado imprudentemente por su falta de educación, a lo que él respondió que esto no era desventaja en ningún momento. Asimismo comentó que en su escritorio tenía un panel de botones eléctricos, que cuando necesitaba una respuesta sólo tenía que apretar uno de ellos y comunicarse con el hombre que tenía la respuesta a su pregunta. Creía que no debía atormentar su mente con detalles insignificantes cuando estaba rodeado de hombres capacitados que podrían suministrarle la información que él necesitaba.

La imaginación induce el flujo de la creatividad

La creatividad tiene tres niveles básicos:

1. El primero, y tal vez el más superficial de los tres, es el de reestructurar el orden de las cosas ya creadas. Esto es una forma de creatividad, pero lo que el hombre hace en este caso es simplemente usar lo que ya ha sido hecho por otro. Reúne todos los elementos y los pone en un nuevo orden. Éste es el mismo procedimiento que usa un niño para construir sus bloques de juguetes. Se podría comparar a un adulto mezclando arena, grava, agua y cemento para obtener concreto.
2. El segundo nivel de la creatividad, mucho más profundo que el primero, es crear algo nuevo usando muchas de las cosas que le rodean. Esto es creativo, pero no es todavía la forma más profunda de la creatividad. Sin embargo, éste es el nivel en el cual la mayor parte de las personas funcionan cuando están creando algo. Esto da una nueva dimensión a la creatividad, pues hace que la mente utilice todos los factores que aún no se han explorado.
3. El tercer nivel de la creatividad es el más grandioso de los tres. Es el nivel donde llegamos a crear algo de la nada.

Hay muchas formas de desarrollar la habilidad creadora. Es curioso que la verdadera fuerza creadora del genio no radica en los cinco sentidos básicos como podrías imaginarte. Existen otros niveles mentales conocidos como preconscientes y subconsciente. En estas áreas es donde mayormente radica la fuerza y el poder creador. Cuando nos hacemos la interesante pregunta: ¿cómo comienza uno a crear? La respuesta es simple y directa: reconociendo el hecho que el hombre fue creado con un potencial creador tremendo.

Debes admitir que tienes el poder de crear antes de comenzar a usar tu creatividad subconsciente.

La creatividad en la mayoría de las personas permanece cerrada con llave en algunas muy herméticamente. Es lamentable el hecho de que infinidad de personas han vivido y han muerto sin usar el potencial de su imaginación creativa. Esto no debe sucederte. En este momento debes despertar ya al llamado de tu imaginación creativa.

A partir de este momento no debes sentirte satisfecho hasta saber que has explotado tu potencial creador. Cree en la existencia de ese potencial y recogerás los frutos de tu imaginación creativa.

Como la mayoría de las personas, has desarrollado a plenitud tus cinco sentidos básicos, pasas la mayor parte del tiempo, es decir, las horas del día, en el área del consciente, sin darte cuenta que también posees un vasto campo sin explorar que es el área del subconsciente. Debes explorar tu sexto sentido.

Piensa en las diversas formas en que puedes desarrollar tu sexto sentido y comienza a explorar las distintas áreas de tu subconsciente. Comienza organizando un programa factible.

Busca un rato de tranquilidad. La mejor forma para explorar el subconsciente y pensar es encontrando un tiempo oportuno y un lugar apropiado para la concentración mental. El cuerpo debe de estar descansado de las tensiones del día. Para muchas personas la hora ideal es temprano por la mañana, cuando la mente y el cuerpo han descansado lo suficiente.

Ten un lugar específico para meditar. Pronto, este lugar te proporcionará el relajamiento. El pasillo central de tu oficina no es apropiado para la concentración mental. Retírate a un lugar tranquilo y deja que tu mente se expanda y explore otras órbitas.

Muchas ideas nos vienen a la mente durante la noche. Una buena idea es poner una libreta de anotaciones y una pluma sobre el buró cerca de la cama y anotar cualquier nueva idea para estudiarla y utilizarla más tarde. Es posible que creas poder recordarlas al día siguiente, pero cuando horas más tarde trates de hacerlo, ya habrás perdido el impacto inicial y posiblemente hayas olvidado la idea que quizás al principio estuvo perfectamente clara en tu mente; a la mañana siguiente sólo recuerdas el hecho de que no querías olvidar "algo" la noche anterior.

Establece el hábito de entrenar tu mente para crear nuevas ideas. La mente está siempre ansiosa y lista para explorar las distintas facetas del subconsciente. Debes desarrollar este hábito.

Con tu papel y pluma siempre a tu alcance, anota cualquier idea importante que surja en tu mente; después, utilizando todas las facultades mentales que posees, analízala cuidadosamente. Muchas de estas ideas serán rápidamente descartadas, pero otras serán verdaderas chispas de genio.

Piensa en dimensiones más allá de las que has concebido hasta este momento. Pudieras tener un séptimo sentido, un octavo o tal vez un noveno. Todos estamos conscientes de nuestros cinco sentidos vitales porque forman parte de nuestro estado consciente. Pudiera haber otras cinco áreas sensitivas en el subconsciente. Por ejemplo, el rayo de luz viaja a una velocidad de 300 mil kilómetros por segundo; por lo tanto, tarda varios segundos que la luz reflejada por la Luna llegue a la Tierra. Las ondas del pensamiento son aún más veloces. El pensamiento es casi instantáneo, tu mente puede ir hasta la Luna y regresar mucho más rápido que un rayo de luz.

La imaginación creativa es motivada por la curiosidad y por la habilidad de explorar.

"Toda filosofía ha surgido de la curiosidad". La razón por la cual el hombre no se conformó a vivir como los demás animales, fue porque comenzó a investigar. Algo dentro de sí le motivó el deseo de aprender. El ansia de saber es la base de toda investigación. Es el incentivo que tiene la humanidad para preservar la vida y encontrarle sentido a la misma.

En la antigüedad, y con un vago sentido de la existencia de Dios, el hombre primitivo estaba convencido de la existencia de un poder superior a la humanidad. Este presentimiento le resultaba temible y fascinante. Esto le impulsó a explorar estos misterios y encontrarles respuesta. Este concepto de un poder superior se refleja en los dibujos tallados en las paredes de las cuevas del hombre prehistórico y es visto en la actualidad reflejado en todos los aspectos del hombre moderno.

En el campo de la ciencia, la curiosidad es aún más dinámica. La emoción más hermosa que podemos experimentar es el descubrimiento de un misterio. Como dijo Einstein: "Es la fuente de todas las verdaderas ciencias".

Es esta curiosidad la que nos lleva a explorar lugares remotos y distantes. Esta curiosidad es la verdadera inspiración de los grandes literatos, los grandes músicos y los grandes artistas.

Una de las mejores formas de mantener viva esta curiosidad, es observando con atención lo que sucede diariamente alrededor nuestro. La persona que aprende a observar escuchará el trino de los pájaros como jamás lo oyó antes, podrá escuchar la música que jamás pudiera existir; sentirá la presencia de Dios y el amor de la humanidad. La cualidad de saber escuchar tiene mucho que brindarle al hombre.

Una causa probable del fracaso de los hombres es el hecho de no escuchar a las personas que podrían abrirle una nueva vía para enfocar sus ideas y tampoco escuchar la voz de Dios cuando les habla en diferentes formas.

Existen dos tipos de personas en el mundo: los que persiguen sus sueños y los que los abandonan. La voz de la conciencia es imposible de materializar, pero realmente existe. Lo importante es mantener la frecuencia que nos permite recibir las ondas.

El sentido de la curiosidad le permite al ser humano vivir más allá del presente con la esperanza de descubrir algo mejor y más hermoso. El hombre obedece las leyes justas de la sociedad para desenvolverse fuera de la jungla.

El hombre puede liberarse de sus opresiones. La curiosidad le va guiando a moverse de un nivel a otro más elevado. Se supera sin descanso para alcanzar lo más alto de su potencial.

El ser humano nunca podrá detener el avance de la vida mientras su sentido de la imaginación permanezca latente. Nadie puede proseguir la lucha si le falta la inspiración. La fuente de toda inspiración e interés está relacionada con la curiosidad. La vida nos puede parecer un fracaso si no tenemos algo que nos despierte el interés y el deseo.

El gran científico Lord Kelvin alcanzó tal triunfo y popularidad, que le erigieron una estatua en la ciudad de Glasgow, Escocia. Este hombre decía que existía la palabra que había hecho posible lograr el gran avance y la conquista en el campo de la termodinámica y la electricidad en los últimos 50 años. Esta palabra es TESÓN. El pudo perseverar en su objetivo creador porque una fuerza dentro de él no le permitió claudicar.

¡Tú puedes ser... el mejor!

Entusiasmo:

El secreto de los triunfadores

El entusiasmo nace en lo más profundo de tu ser. Se manifiesta e irradia en cada expresión de tu rostro y tono de voz, actuando como una fuerza magnética para atraer hacia ti a los que te rodean. Es la fuerza vital que da brío e inspiración a todo lo que haces o dices. El entusiasmo es una fuerza contagiosa de la mente que logra la cooperación de otros y los atrae a tu manera de pensar y actuar.

Cuando ya has definido tu verdadero propósito y vas en camino de lograrlo a través del avance progresivo de tus metas y de tu imaginación positiva, la gente pronto descubrirá que eres especial por tu derroche de entusiasmo. Existen razones para tu entusiasmo y para tu dinamismo. La vida ha dejado de ser una monotonía. Cada día, cada hora, cada minuto te resulta una nueva y excitante experiencia. Sabes que estás en la recta final y que pronto saborearás los primeros frutos del triunfo.

El entusiasmo pone un algo de emoción en todo lo que haces. Te hace brillar con una aureola radiante de fuerza. Es el impacto que transmite tu mensaje a otras personas haciéndoles creer en lo que tú deseas.

No existe una persona que carezca completamente de entusiasmo. La semilla del entusiasmo se encuentra latente en todos. Tú puede dejar esa semilla germinar, o destruirla con pensamientos negativos. El único aspecto que lo limita es tu negligencia a humedecer la semilla con fe, amor, ánimo y actitud positiva. El entusiasmo es una fuerza poderosa que te suplica le des rienda suelta, ¡que la exteriorices! No tengas miedo a exaltarte. No tengas temor a ser diferente. Posees la habilidad de canalizar la fuerza extraordinaria del entusiasmo.

El entusiasmo puede impulsarte y elevarte. Es tu mayor ventaja cuando lo pones en acción. El entusiasmo es difícil de detener una vez que se libera. No necesitas más. Por el contrario, lo que necesitas es eliminar el pensamiento negativo que no te deja germinar la semilla que ya posees.

El peor enemigo del entusiasmo es el concepto de que no mereces las cosas que deseas. Muchas personas piensan que no fueron hechas para destacar. El sentimiento de poco valor personal es destructivo y falso.

Tu mente tiende a no aceptar nada grandioso si no has invertido en esto un gran esfuerzo. Si no estás dispuesto a pagar el precio por lo que deseas, entonces nada será posible. Verdaderamente mereces todo aquello por lo que estás dispuesto a luchar y trabajar. Di que lo mereces y la subsecuente liberación de tu entusiasmo te ayudará a lograrlo. Una vez que el entusiasmo se convierte en el vehículo de tu felicidad, de tu vida y de tu motivación, no te abandonará jamás.

Recuerda que todo lo mejor procede del infinito. Mantente en contacto con él.

Las personas mediocres pretenden hacer creer que no están interesadas en triunfar. ¡Deja de pretender y comienza a triunfar! Toda persona debe tener entusiasmo. Este ingrediente no es un lujo; es una necesidad absoluta. *El entusiasmo no conoce obstáculo.*

Una vez que es liberado es como una luz que siempre atrae atención.

Todo lo que digas o hagas, si no lo dices o haces con entusiasmo, tendrá poco resultado. La gente responde a esta cualidad más rápido que a ninguna otra. El entusiasmo es fe en la acción y se refleja en cada expresión de tu rostro y en cada tono de tu voz.

El entusiasmo vale dinero. Las personas responden a él. Es lamentable que tan pocas personas lo expresen. Es la diferencia entre un triunfador y un mediocre. Todos debemos expresar entusiasmo en cada aventura de la vida. Sin embargo, debemos distinguir entre éste y las "llamaradas de petate". Esto último puede ser mantenido temporalmente. Se puede encender y apagar de acuerdo con las circunstancias y no es muy duradero. La sensación de ánimo puede adquirirse con motivo de alguna circunstancia exterior. *El entusiasmo verdadero surge de lo más profundo del ser.*

El entusiasmo, más que ninguna otra emoción, tiene la fuerza de despertar y estimular la mente a la acción. La mente puesta en acción es una de las fuerzas más potentes que conoce la humanidad. Una vez que la mente recibe su mensaje comienza a trabajar rápidamente para lograr tu deseo. Pero recuerda que este deseo DEBE ser un deseo ardiente. Pues mientras más penetrante y más entusiasta es tu deseo, su culminación se materializará más rápidamente.

Esta semilla debe ser nutrida y cultivada por nuestra determinación. El entusiasmo no florece repentinamente. Si esperas que alguna persona te despierte alguna meta y que te motive, es posible que necesites esperar un largo tiempo.

Es tu deber poner tus propias condiciones, deliberada y sistemáticamente, aprovechando cada momento. Muéstrate entusiasta en cada situación diaria; la risa de un niño, los colores del arco iris, la belleza de una puesta de sol, cualquier cosa que sea un incidente constante en tu vida. Otra forma de desarrollar tu entusiasmo es pensando en las metas que te has trazado cada día.

Haz un recuento de tus logros y triunfos. Enciende esas pequeñas chispas que te iluminan y te mantienen interesado y contento. Mantente vivo por lo que quieres de la vida.

Una vez que comiences a desplegar el entusiasmo, éste elevará y expandirá tus fronteras. Pronto te darás cuenta que ya no lo haces conscientemente, sino que está siempre presente en ti, en todo momento. Las personas que te rodean lo notarán y te admirarán por esto. Estarás en el camino de lograr todos y cada uno de tus sueños. Todos se darán cuenta de que estás deseoso y listo para invertir tu esfuerzo en la vida y en ti; al mismo tiempo, las demás personas se sentirán deseosas de invertir sus esfuerzos y su afecto en ti. "*El mundo siempre tiene un lugar para el hombre que sabe lo que quiere*".

Existe una frase que dice: "*La verdadera felicidad surge no de hacer lo que a uno le gusta, sino de gustarle lo que uno tiene que hacer*". Aprendemos la mejor lección de la vida cuando realizamos una labor llenos de entusiasmo, sin importarnos si es agradable o no. Hay pocas satisfacciones en la vida comparables con la de realizar una labor difícil y llevarla a una culminación favorable. Todos aquellos pequeños y tediosos trabajos necesarios para lograr la meta final, nos parecerán menos insignificantes y tediosos si los realizamos con entusiasmo. Cada trabajo concluido constituye una lección aprendida, y cada una de estas lecciones te lleva a avanzar hasta llegar a tu meta.

Algunas personas quisieran cambiar el mundo, otras se muestran impacientes con los pequeños trabajos de la vida diaria y otros quisieran esconderse y vivir en un aislamiento total. Los que quieren realizar las grandes obras de este mundo no se dan cuenta de que son las pequeñas e insignificantes tareas diarias las que nos llevan a los grandes logros.

El entusiasmo pisa y destruye el prejuicio y la oposición, crea la acción y elimina los obstáculos. El poder de tu mente se despierta y te conviertes en un individuo de acción.

Dicho sencillamente: tus logros están en proporción directa a tu grado de entusiasmo.

El entusiasmo capta la atención. El hombre entusiasta está proclamando al mundo que tiene los atributos necesarios para llegar a donde quiere ir. No existe nada más atractivo que una persona con un rostro jovial y una personalidad brillante. Seres como éstos son los que logran el triunfo. Tu demostración de entusiasmo refleja tu convicción, tu interés en las demás personas y tu confianza en ti mismo.

El entusiasmo se relaciona con la olla de presión. Da fuerza al poder mental y le infunde la presión que lo lleva a la acción. Busca un trabajo provechoso. ¡Entusiásmate con él y descubre lo que puedes lograr!

Cuando te sientas deprimido y te parezca difícil mantener el entusiasmo, participa de alguna aventura excitante. Deja escapar tu entusiasmo, éste te llevará por encima de la mediocridad. Te convertirás en un individuo dinámico y tu confianza crecerá. No solamente crecerá en ti, sino que aumentará en los demás y los ayudará a superar la apatía y la indiferencia.

La mente es al mismo tiempo estación transmisora y receptora de ideas y actitudes. El entusiasmo es una emoción intensa que penetra en la mente de todos los que están a tu alrededor.

Cuando ya has establecido tu propósito y sabes que puedes ser entusiasta acerca de tus posibilidades, puedes compartir tus objetivos con otras personas en forma contagiosa. El entusiasmo nos llevará a través de los desalientos de la vida y nos sacará adelante hacia el logro de nuestra meta y nuestro propósito. El entusiasmo nos permitirá ayudar a otras personas con sus problemas. Con el mejoramiento diario te convertirás en un individuo más interesado por la vida y por el lugar que ocupes en ella.

Debes vigilar tu propósito para que tu entusiasmo se desarrolle y no escape. Cuando respaldas tus aspiraciones con esta cualidad, te inspira a seguir adelante a pesar de los obstáculos. El privilegio de soñar y anhelar no nos fue concedido como una burla, sino para convertirlo en incentivo y la motivación de una completa realización.

Algunas veces una pequeña diferencia en la actitud, confianza y entusiasmo de un hombre, puede cambiar un fracaso en un logro. Así como el entusiasmo es contagioso, también la duda y la incertidumbre suelen ser percibidas por otras personas.

El gran deseo del corazón humano es ser feliz. Muchas personas se preguntan: ¿en qué consiste la verdadera felicidad y dónde podemos encontrarla?

Primero: La felicidad no se encuentra persiguiéndola. Si alguien se enfrenta a la vida con el solo propósito de encontrar la felicidad, es posible que ésta se muestre evasiva. Muchas personas consideran el matrimonio como la fuente de la felicidad. Tienen la idea de que al casarse van a caer en un paraíso de felicidad. En un juicio sobre divorcio, el juez preguntó a la mujer: "¿Qué meta se propuso usted alcanzar en su matrimonio?" Ella lo miró sorprendida y respondió: "¿Meta a alcanzar? Bueno... en realidad nada especial. Yo sólo quería ser feliz. Tengo derecho a esperar esto ¿no es verdad?". No esperes solamente ser feliz, *la felicidad es un proceso interminable de superación y adaptación a las circunstancias*. La felicidad tiene sólo una vía, la encontramos cuando elegimos un objetivo que consideramos de valor y descubrimos que vamos progresando en su logro.

Pocas personas se dan cuenta de que sus emociones controlan el 90 por ciento de sus acciones. Este hecho permite que un entusiasmo explosivo supere a la situación. Conoce tus verdaderos deseos y entusiásmate en el propósito de convertirlos en realidad. Ellos son tuyos, sólo tienes que desearlos y disponerte a recibirlos. Debes estar seguro que tus deseos son nobles y elevados y los encontrarás casi a la vuelta de la esquina.

Recuerda tus deseos y ajústalos a tu verdadero interés y entusiasmo. No vivas girando, mantente firme.

Existen dos mundos: el mundo que podemos medir con una regla, y el mundo que sentimos en nuestro corazón, en nuestra imaginación. El entusiasmo es la fuerza interior que estimula a las personas a enfrentarse y vencer las adversidades de la vida. Es la correcta actitud mental.

Debes aprender a despertar tu entusiasmo y a sacarle el mayor provecho cuando las circunstancias así lo requieran. ¿Por qué no aprendes a disfrutar la vida a plenitud? Deja que tu entusiasmo te estimule cuando te sientas decaído en vez de darte lástima a ti mismo. Analiza el hecho de que la misma energía que despliegas para encerrarte en tu decaimiento, puedes usarla para abrir las puertas que te lleven a la acción creativa.

Cuando hay entusiasmo los pensamientos negativos son desplazados por los pensamientos positivos, el trabajo se transforma en alegría, te conviertes en una persona mejor; la confianza en ti mismo se engrandece y el mundo comienza a florecer ante tus ojos. *El entusiasmo es la cualidad humana cautivante que no conoce sustituto*. Alguien ha dicho: “El entusiasmo es la palabra más hermosa de todos los idiomas”.

Revisa tus propósitos diariamente. Mantén tus proyectos para el logro de tus metas. Ten perseverancia. El entusiasmo florece con una correcta actitud mental. Mantén una actitud mental positiva. Estudia tus posibilidades, construye tu entusiasmo usando la autosugestión y la repetición. Te desarrollas de acuerdo con tu manera de pensar; por lo tanto, piensa en forma entusiasta. Tu entusiasmo persistente te dará buenos resultados. "*Si tuviera un solo regalo que darle a mi hijo, sería entusiasmo*".

El desarrollar tu entusiasmo no es fácil, es un reto. Es por esta causa que la mayoría de las personas no son entusiastas. Esta mayoría trata de detenerte con su confirmado pesimismo. ¡No seas pesimista! ¡Muéstrate optimista! DEBES A TREVERTE A SER DIFERENTE, SI QUIERES SER EL MEJOR.

El entusiasmo es probablemente el ingrediente más importante en tu aventura de triunfo y la palabra menos entendida del idioma español. Pocas personas reconocen que el genio en negocios o en cualquier otro campo intelectual o científico, es el hombre que por medio de su capacidad para entusiasmarse lanza las vibraciones de su mente hasta que logra comunicarse con la fuente de conocimientos, sabiduría y creatividad, imposibles de alcanzar a través del razonamiento.

El escritor refleja entusiasmo en cada palabra de su obra, aun cuando su libro sea traducido a diferentes idiomas. Un abogado puede tener un cliente inocente, alegar los mejores argumentos, las más concluyentes evidencias y aún así perder el caso por su falta de entusiasmo. Y verdaderamente la mejor cura que recibe el paciente es producto del entusiasmo de su médico.

No existe el trabajo monótono para el hombre que está lleno de entusiasmo. Esto marca la diferencia entre un orador efectivo y un aburrido, la diferencia entre la acción y la pereza, entre el triunfo y el fracaso.

Tu subconsciente es estimulado por tu dinamismo. Éste trabajará para ti si le provees el entusiasmo que necesita para desarrollarse. "Nada es tan contagioso como el entusiasmo, éste mueve montañas, pule al rústico, es el genio de la sinceridad, y la verdad no logra la victoria sin él". Te darás cuenta que el éxito de tu trabajo estará en proporción directa al entusiasmo que despliegues por él.

Un hombre entusiasta jamás puede ser derrotado. Éste es el tipo de personas que a las empresas les gusta emplear. Una persona entusiasta, contenta en su trabajo, puede influir en esa misma forma a las personas que están a su alrededor; es realmente más útil que otro empleado altamente adiestrado, pero con espíritu pesimista y cuya actitud influye negativamente en las personas que le rodean.

Cuando una persona carece de entusiasmo se hace evidente. Lo expresa con su apatía y su reacción débil ante los continuos retos de la vida. El tono de su voz, su postura y su falta de confianza en sí mismo lo delatan.

¿Quieres ser una persona capaz de lograr tu propósito? Libera tu entusiasmo y comienza a nutrir la chispa de tu deseo. Conviértela en una llama ardiente. Tu deseo ardiente florecerá cuando demuestres entusiasmo mientras trabajas para alcanzar tu meta.

¡Tú puedes ser... el mejor!

El que PERSEVERA alcanza

Toda persona, si quiere atravesar todos los obstáculos de la vida y finalmente lograr sus objetivos, debe enfrentarse a la tremenda necesidad de adquirir la fuerza de la determinación.

Nada es imposible. Recuerda que si continúas adelante cuando el camino se torna difícil, las dificultades se quedarán atrás. Sé como la estampilla de correos. Únete a tu objetivo hasta que llegues a tu destino final. Antes que puedas lograr tus metas en la vida, debes primero desarrollar la perseverancia. Así, encontrarás que esta cualidad es clave en tu viaje hacia la superación. Desde los albores de la historia, todos los hombres han atravesado fracasos transitorios. Cada uno de estos hombres se ha tenido que hacer la misma pregunta que debes hacerte ahora: ¿Permitirás que el fracaso se convierta en el destino de tu vida en vez de ser una pausa transitoria?

Naciste para ser grande, entonces, ¿por qué conformarse con la mediocridad? Toda fortuna amasada hoy en el mundo ha sido lograda con una receta. Es cierto que puede haber miles de recetas diferentes, pero cada una de ellas contiene por lo menos dos ingredientes: Primero, una oportunidad; segundo, perseverancia. ¡Recuerda que cada intento contiene una posibilidad de triunfo!

Hace más de cien años un joven creció con la ambición de ser abogado, fracasó en el campo del derecho; luego trató de trabajar de encargado de negocios y también fracasó. Entonces se hizo agrimensor y el jefe de policía le hizo vender su equipo de agrimensor para saldar sus deudas. Se alistó en el ejército y tampoco fue un buen soldado. La esperanza le llenó el corazón, pero terminó con la muerte de la mujer que amaba.

Aspiró varias veces a un cargo público y en todas ellas fue derrotado. Triunfó solamente una vez en la vida y esto le sucedió a la edad de 56 años. Hoy es recordado, no por las veces que fracasó, sino como el gran emancipador y Presidente de los Estados Unidos de Norteamérica. Su nombre: Abraham Lincoln.

¿Por qué dejar que el temor a las críticas y al fracaso te aleje de tu propósito en la vida? ¿Cómo puedes saber si vas a triunfar si no lo intentas una vez más? Un estudio muy profundo llevado a cabo sobre la vida de hombres famosos ha demostrado que el triunfo está un paso más allá del fracaso. ¡Lo que podrías juzgar como un fracaso, estimula a otros a esforzarse más!

¡Toma una decisión hoy mismo! Dibuja un esquema como el que describiremos a continuación y ponlo en una pared de tu hogar, en tu oficina o en cualquier lugar en el que permanezcas la mayor parte del tiempo. Primero, dibuja una escalera sin los peldaños; luego, sitúa tu propósito en el punto más alto de la escalera. Después de haber situado tu propósito en lo más alto, ve colocando tus diferentes metas en forma de peldaños. Recuerda que cada peldaño es una prueba de tu convicción. Cada meta que logres y cada situación a la que te enfrentes es un peldaño en tu escalera al triunfo. Piensa que cada situación es una oportunidad de lograr tu progreso si la sabes resolver.

Una correcta actitud mental tiene su precio. Puedes encontrar excusas abundantes para no intentar una vez más, pero ¿crees que son válidas? No te engañes. Tu situación actual es solamente el producto de lo que piensas y haces. Tu fe en ti es lo que empuja hacia adelante cuando tus brazos y piernas se niegan a seguir. La perseverancia te ayuda a enfrentarte al fracaso temporal. Te ayuda a continuar intentando o a comenzar de nuevo. ¡Puedes triunfar! Serás un triunfador cuando aceptes la idea de que el fracaso es solamente algo temporal.

"Nunca pienses en el fracaso". "Atrévete y nunca ceses de atreverte una vez más". "Sostén una gran fe en lo que puedes ser".

Si te sientes derrotado trata de poner en práctica lo siguiente: Si dices "estoy aburrido, descorazonado y ya me cansé", en esa misma forma te sentirás y actuarás; puedes estar seguro de esto. Pero si, por el contrario, cuando la lucha se hace ardua dices "no voy a aceptar la derrota, tiene que haber otra forma; no seré vencido", entonces todos los recursos dentro de tu propia naturaleza se tornan positivos y comienzas a percibir una solución para tus problemas.

Puedes lograr algo grandioso, pero no lo abandones a la mitad del camino. Muchas veces vemos la tragedia de alguien que podría haber logrado el triunfo, pero se da por vencido a la mitad de la lucha. Su perseverancia dejó de existir cuando estaba a sólo unos pasos de alcanzar su objetivo. Estaba al alcance de sus dedos estirados, pero se sintió cansado y cedió. Si se hubiera sostenido un poquito más, hubiera logrado el triunfo.

¿Y por qué se siente uno tan cansado y desalentado? Quizás se debe a que uno trata de hacer las cosas solo. Prueba y pídele a Dios que te ayude, que te dé la fuerza y el coraje de adherirte a tu propósito y de no desviarte del mismo. *Y jamás te des por vencido*. Seguramente recibirás ayuda. *Nada es imposible*. Debes creer en esto firmemente. Cree en la ayuda espiritual y encontrarás la fortaleza y la forma de conquistar lo imposible. Recuerda que lo que hace más fácil realizar lo imposible es el hecho que no encontrarás competencia. Muy pocas personas piensan que tú o ellos pueden realizar una hazaña. Así que ¡atrévete!

No existe el hecho de obtener algo por nada. En este momento debes hacerte una promesa a ti mismo. Prométete que comenzarás a hacer más de lo que normalmente se espera de ti en todo lo que realices.

Realizando un poco más de lo que se espera de nosotros, es decir, recorriendo el kilómetro extra, significa también pasar por encima de donde los demás se han detenido. Es tu derecho, como ser libre, trabajar tanto y tan fuerte como lo desees para lograr tu recompensa. Sin embargo, la mayor parte de las personas jamás aprovechan las ventajas de este grandioso derecho. Cada uno de los que verdaderamente han triunfado te dirá las ventajas de recorrer el kilómetro extra.

Esto produce resultados sobresalientes. El triunfo se mide por la cantidad de esfuerzo que realizas, y su compensación es la regla con la cual medimos ese esfuerzo. La mayoría de las personas triunfadoras se ha decidido a recorrer el kilómetro extra. Esto te traerá más ventajas sobre los demás de las que tú podrías creer imaginar. Es como abrir tu propio banco en el cual tus triunfos se multiplican diariamente en la misma medida que los intereses. Así que, decídete a ir siempre un kilómetro más adelante que los demás, éste es el camino más corto para alcanzar las verdaderas metas de la vida.

En el beisbol de las Ligas Mayores, la diferencia entre un bateador con un promedio de .250 y otro con un promedio de .300 es sólo un batazo más en cada veinte oportunidades; sin embargo, la diferencia de sueldo es de millones de dólares.

"El tiempo es dinero". Para organizar tu tiempo y ser más efectivo en tu trabajo, una buena sugerencia es seguir este procedimiento:

1. Anota por la noche, en orden de importancia, los objetivos que esperas realizar al día siguiente.
2. Comienza a trabajar en el más importante y cuando lo hayas terminado, elimínalo de la lista y prosigue con el siguiente.
3. Continúa trabajando en esta forma hasta que cada objetivo de la lista esté logrado.

Este método te servirá para concentrarte en lo más importante y te enseñará a sacarle el mayor provecho al día. Haz una sola cosa a la vez. Adhiérete a esa labor hasta que la hayas terminado; luego, prosigue con el siguiente objetivo en orden de importancia.

¿Qué sucede en realidad cuando abrimos la llave de la perseverancia? Sucede lo siguiente:

- Nuestro subconsciente comienza a absorber de la vasta reserva de nuestras pasadas experiencias para alcanzar lo que deseamos.
- Desarrollamos un poder mental que no teníamos antes. Desarrollamos entusiasmo por el proyecto.
- Atraemos la ayuda de las demás personas para alcanzar esa meta especial.
- Nos mantenemos fieles a nuestro propósito sin disipar nuestro poder mental, esfuerzo físico, entusiasmo o energía, en actividades superfluas.

Si en realidad deseas ser feliz, trázate una meta que dirija tus pensamientos, libera tus energías e inspira tus habilidades. La felicidad está dentro de ti. Ésta surge de realizar algo en lo cual has puesto todas tus fuerzas, todo tu corazón, tu pensamiento y tu energía. Pon tu entusiasmo en algún gran proyecto que tengas y persevera en lograrlo.

Descubre el trabajo que te gustaría hacer y disponte a conseguirlo. El que quiere triunfar debe decidir por sí mismo lo que quiere alcanzar. De tu entusiasmo y vocación sacarás la inspiración y la motivación que te sitúan en la senda de una vida llena de significado.

"Tenemos una vida. Vale la pena, no importa lo que venga después, tratar de realizar algo, de alcanzar alguna meta en este mundo; no meramente tratar de pasar el tiempo agradable y placenteramente".

"El triunfo en la vida es cuestión no tanto de talento y oportunidad, sino de concentración y perseverancia".

A través de la fuerza de la perseverancia y de mantenerte consistentemente tratando de lograr tu propósito en la vida, descubrirás habilidades fantásticas que no conocías. Vas por buen camino... La perseverancia es el poder para lograr el triunfo.

¡Tú puedes ser... el mejor!

La época de cosecha:

PRODUCIENDO RESULTADOS

Al producir resultados reflejas tu habilidad para organizar el tiempo y planear tu trabajo. Una persona eficiente, capaz de producir resultados, posee la energía de la dinamita... Hoy, no mañana. Sé un creador, no un hablador. Las personas que hablan de "querer hacer algo" o "que van a hacer algo" son las que en realidad jamás llegan a hacer nada. Abandona el hábito de posponer las cosas. Realiza tu trabajo hoy; dejar las cosas para mañana es uno de los más grandes errores del mediocre. ¡Desarrolla el hábito de realizar tu trabajo enseguida! "El que ama la vida no debe desperdiciar el tiempo, pues ése es el elemento del cual se compone la misma. Vive hoy como si fuera tu último día".

¿Has visto alguna vez a una persona atrapada en una puerta giratoria que da vueltas a una velocidad mayor de la que se imaginó? Tan pronto comienza a girar, busca la primera salida disponible. Así funcionan muchas vidas. Para aquellos que carecen de planes para invertir su tiempo la vida es como una puerta giratoria o un carrusel, jamás va a ningún lugar. Están en un círculo constante de repetición. Su enfoque de la vida es similar a la posición de los caballitos en el carrusel, hacia arriba y hacia abajo. Tal parece que no les alcanza el tiempo para realizar ninguna labor; sin embargo, siempre tienen tiempo disponible para malgastarlo. Su trabajo y su familia sufren las consecuencias.

Para producir resultados positivos, es necesario utilizar el tiempo correctamente.

Si tu vida está girando en círculos, debes saltar a tierra firme y detenerte un momento a pensar, a estudiar las circunstancias y a planear.

Esta vez tu tiempo está bien empleado, te ayudará a encontrar una dirección. Así comenzarás a ganar terreno al planear cómo usarlo adecuadamente y cómo obtener el mejor rendimiento del mismo. El tiempo es dinero, salud y seguridad. Es progresar automáticamente sin detenerte jamás. Necesitas planear tu tiempo detalladamente y ser tenaz en el desarrollo de tu plan. Matar el tiempo no es homicidio, es suicidio. El tiempo perdido hoy jamás puede ser recuperado mañana.

Comienza ahora a desarrollar tu plan de acción. Sé frugal con el tiempo. Dedica tiempo a tu familia, a tu vida social, a tu religión, así como a tu trabajo. Organiza cada día, cada semana y cada mes. Haz un horario de tu trabajo. Traza un tiempo limitado para finalizar un trabajo. Luego cerciórate de que el trabajo quede terminado.

Pon todos tus esfuerzos en un sólo objetivo. No dividas tu pensamiento y tus talentos en dos esfuerzos simultáneamente, pues te convertirás en ineficiente. Concéntrate en el trabajo que tienes entre manos, termínalo y prosigue manteniendo tu horario ya establecido. Aléjate de la creencia de que solamente eres capaz de realizar cierta labor específica en tu trabajo. No malgastes tu tiempo valioso en trabajos baratos. Trata de lograr las cosas importantes primero. Nadie planea fracasar, sólo que algunos fracasan al planear. El vivir soñando no demanda agudeza mental y no produce ningún resultado cuando tratas de lograr un propósito. Elimina el destructivo hábito de soñar despierto. No seas haragán. Sé activo. No caigas en la trampa de proveer excusas para tu propia apatía. Haz un inventario. Toma tiempo para pensar. Pregúntate: ¿Cómo estoy matando mi tiempo? ¿En qué lo estoy desperdiciando? ¿Cómo puedo ser más productivo?

La organización del tiempo produce resultados positivos. Es la reflexión del trazado de tus metas. La organización de tu tiempo debe ser una meta. Tienes un objetivo y te propones lograrlo en un periodo definido de tiempo.

Durante la Segunda Guerra Mundial, cuando la producción de submarinos era muy crítica, la entrega de los mismos tenía un horario que parecía imposible de cumplir. Sin embargo, la mayoría de los submarinos fueron construidos y entregados en el tiempo señalado para sorpresa de muchos incrédulos. La meta era un reto, la idea fue implantada en el subconsciente de los constructores y el trabajo fue terminado a su debido tiempo. Vemos cómo el trazarse una meta vale la pena. Este plan casi imposible de realizar se convirtió en una realidad factible.

Comienza el día bien

¿Te has dado cuenta de cómo te entretienes por la mañana cuando te levantas más temprano que de costumbre? El saber que cuentas con un poquito más de tiempo te hace despreocuparte un poco. En realidad, ésta es una forma de ineficiencia y falta de disciplina. Sería mejor comenzar el trabajo un poco más temprano y revisar algunos detalles antes de que comience la actividad del día, o a lo mejor pensar en algún asunto que necesite tu atención en el hogar.

Debes hacerte el propósito de controlar tu trabajo. Organiza tu vida. Pon cada cosa en su lugar. La base de todo trabajo es el orden y la proyección. Elimina las distracciones. Hazte menos accesible al tráfico rutinario de la oficina. Hay demasiados individuos ineficientes que tratan de justificar sus faltas haciéndote lucir ineficaz también a ti. Para planear adecuadamente, debes proponerte alcanzar exactamente lo que deseas.

Ninguna excusa o racionalización es aceptable cuando estás decidido a pagar el precio. Debes preguntarte si la recompensa en tu trabajo tiene mérito e importancia suficiente para ti y tu familia y si vale la pena que despliegues tu mayor esfuerzo. ¿Vale la pena pagar el precio de tu sacrificio? ¿O deberías emplear más tiempo con tu familia? ¿Contemplarías la posibilidad de obtener otro trabajo más agradable? Cualquiera que sea tu respuesta debes recordar que eres responsable de destruir todas las barreras que se interpongan. Cuando lees buenos libros, cuando te relacionas con personas que luchan por su propio mejoramiento, y cuando vives alerta a las posibilidades que puede ofrecerte la vida, te abres las puertas para convertirte en algo grande. Una persona que encontró gran ayuda en la lectura de un libro escribió lo siguiente:

"Por primera vez en la vida he podido darme cuenta de cómo me he creado mi propia mala suerte por mi forma equivocada de pensar. Desde que leí su libro me he dado cuenta de la hostilidad, el resentimiento y las otras barreras que me han impedido ser una persona feliz y diligente. Ahora me doy cuenta de lo absurdo que ha sido llevar estas restricciones a través de mi vida. Yo era verdaderamente mi peor enemigo. Ésta es una nueva forma de vida y creo que Dios me ha dado muchas oportunidades, pero estaba ciego. Ahora ya puedo ver".

El hombre de verdadera acción pondrá cada gramo de su energía en su esfuerzo por lograr lo que desea dentro de las condiciones presentes. No espera por las circunstancias, ¡hace las circunstancias! No cree en la suerte o las oportunidades. Para desarrollar más energía, transforma tus pensamientos en un movimiento hacia adelante.

Sé la persona más atractiva que seas capaz de ser

Decídete ahora mismo a ser más amistoso... a desarrollar nuevos hábitos... a sacarle el mejor provecho a tu tiempo. Muchas personas piensan que no pueden realizar un trabajo, ni siquiera lo intentan. Aquellos que se deciden a intentarlo sorprenden a su propio temor. Desarrolla la confianza en ti mismo. Mantén tu tiempo ocupado en un propósito claro.

Toma decisiones, pues las indecisiones y la falta de propósito son los que más nos roban el tiempo. El individuo capaz de decidirse tiene el poder de convertirse en líder.

Tomar una decisión se ha convertido en una tarea ardua para el ser humano. El hombre vive en conflicto con sus dudas; le teme al fracaso. Esta forma de pensar es una buena indicación de su falta de confianza en sí mismo. Nos hemos convertido en individuos demasiado conscientes de nuestra seguridad. La sociedad nos ha condicionado a ser cuidadosos, a vivir en estado de alerta, a pensar de nuevo en las cosas, a no actuar impulsivamente, a buscar consejos. Esto está bien si deseas conformarte, pero el hombre capaz de tomar una decisión rápida es un triunfador. El triunfo te demanda ser osado. La mayoría de los hombres se encuentran a sí mismos huyendo de las decisiones de la vida en vez de detenerse y enfrentarse a ellas. No desperdicies tu tiempo dejándote hundir en tu indecisión. Al principio, algunas de tus decisiones pudieran ser erróneas, no tengas miedo de cometer errores algunas veces. Mientras más decisiones tomes en la vida, más oportunidades tienes de acertar; por lo tanto, cuando tengas dudas toma una decisión y marcha adelante.

Llegas a producir resultados cuando sabes lo que debes hacer cada día

Olvídate de la palabra problema y refiérete a las barreras en términos de situaciones. Una situación puede ser convertida en un problema debido solamente a tu actitud mental. Recuerda siempre que no existe problema más grande que su solución. Las cosas que antes constituían un problema para ti son solamente situaciones temporales. La mejor forma de lidiar con tus situaciones es tratando de resolverlas una por una. Siempre pon la situación en cuestión en el tiempo presente. Resuelve la que tienes entre manos. La experiencia nos enseña que la forma más segura de resolver cualquier situación personal es encontrando a otra persona con una situación más difícil que la nuestra y ayudándole a resolverla.

Cuando tengas un plan de acción que funcione positivamente duplica su uso. Cuando el plan resulte un fracaso, revísalo. Ponle cuidadosa atención. El triunfo requiere que seas alguien capaz de comprender el camino que estás pisando. Cuando oigas la voz de la duda que te dice en secreto "eso está más allá de tu alcance", respóndele "eso crees". Haz esto aun cuando te parezca absurdo, y pronto te darás cuenta que da resultados. Proyecta, actúa, arriésgate a cometer errores, revisa tus planes y no te conformes con nada a no ser tu meta.

Actúa constantemente con un plan de acción basado en lo que conoces en ese momento. Date a conocer como alguien de acción. Vive produciendo resultados. Pregúntate, ¿en qué podría convertirme si no hubiera obstáculos en el camino? Actúa como si en realidad no hubiera dificultades en tu camino y te darás cuenta de que ésa es la realidad.

El que está exitosamente organizado considera el tiempo como su sirviente, no como su amo. No permitas que la indecisión y el desaliento demoren y maten tu tiempo. Haz planes concretos y no esperes a mañana para llevarlos a vía de hecho. ¡Actúa ahora mismo! Tú puedes ganar tiempo cortando los pasatiempos innecesarios. Aléjate de tu ruta habitual y decídete a cambiar de dirección. No sigas a un seguidor, sé líder y dicta la pauta a seguir.

Sabes que el tiempo jamás se detiene. Si vives 75 años solamente dispones de 657 450 horas de tiempo. Debes aprender a invertir tu tiempo en vez de derrocharlo. Distribuye tu tiempo. Pon más energía en tu esfuerzo para obtener dividendos en vez de depreciación.

Saca el mayor provecho de tus habilidades latentes y de tu subconsciente

Puedes lograr mucho más cuando te das cuenta de las habilidades latentes en tu subconsciente, y por lo tanto, el uso del mismo es más efectivo. El subconsciente posee el poder de crear y obedecer las órdenes que recibe de la mente consciente.

Es un hecho probado que cuando el subconsciente recibe una orden la mente actúa eficientemente para obedecerla. Pon tus deseos, planes y metas en tu subconsciente y da rienda suelta a tu acción creadora para lograrlos. El subconsciente es un almacén de energía y conocimientos. Jamás se muestra cansado y siempre está a tu disposición. ¡Expresa lo que quieres lograr y espera que suceda!

Proyecta levantarte temprano. Duerme solamente las horas necesarias. No comiences retrasado. ¡Entrégate a tu trabajo! Puedes ganar tiempo eliminando la conversación ocasional y delegando en otra persona las tareas menos importantes. Cuando te mantienes ocupado las otras personas no tendrán la oportunidad de malgastarte tu tiempo precioso. Aprende a simplificar cuando sea posible ¡No desperdicies el tiempo!, ¡atesóralo! El tiempo pasa veloz aun cuando lo desperdicies.

No existe la vida sin un propósito. El Creador no desdeña a nadie. Todo el mundo es un ente individual ante Él, pues tiene un propósito para cada persona. Debes creer que tus aspiraciones son parte de tu misión en la vida. Esto es fe, la esperanza siempre manifiesta que algo bueno va a sucederte. Lo que tu mente es capaz de creer y concebir, tú eres capaz de lograrlo. *Hoy puedes liberarte de los lazos de la mediocridad.*

¿Tienes la remuneración económica que deseas? Tu familia y tú tienen derecho a disfrutar en abundancia las cosas buenas de la vida. Es posible que desees un hogar lujoso, muebles elegantes, un buen automóvil, ropa buena y equipos de caza y pesca. Dentro de tus posesiones espirituales desearás tener una buena salud, felicidad, control de tus emociones y tranquilidad espiritual.

Además, querrás añadir a tus metas espirituales el amor universal para todos. Un amor que no se limite solamente a un número de personas. El amor, cuando es genuino, es de todos para todos. Es el culto, la dedicación y el empeño en una causa más alta de lo que podemos alcanzar solos.

No es posible derrotar a un individuo lleno de propósitos. Si tú lo entierras, él cavará un túnel, saldrá a la superficie y luego venderá la tierra para hacer jardines.

Aquellos que tienen un propósito en la vida jamás dejan de triunfar porque tienen en su interior una fuerza capaz de erradicar de sus vidas la indiferencia, la pereza y la falta de ambición. Ellos saben que todo aquel que ha triunfado ha tenido un comienzo o algunas épocas difíciles. Se preparan para enfrentarse a la lucha antes de que ésta surja, sin perder la confianza. Ya han conocido el aspecto mejor en su personalidad.

Beethoven era sordo, pero pudo componer las famosas sinfonías que han deleitado al mundo por años. ¿Cómo fue posible que aquel músico pudiera escribir unas melodías tan maravillosas y no oírlas? Él las sentía dentro de sí, con una percepción más allá del sentido auditivo común. Su propósito definido encontró un camino donde otros se hubieran dado por vencidos.

Te sugerimos anteriormente que hicieras una lista de tus deseos y las metas que querías alcanzar en la vida. Mientras más te dediques al logro de las mismas, más rápido podrás alcanzarlas. Mientras más creces y te desarrollas espiritualmente, más rápido te conviertes en la persona que siempre has soñado ser. Mientras más fe tengas en este proceso, más rápidamente cambiarás tu vida espiritual y social.

Cuando el deseo dentro de ti está respaldado por tu fe, te da una fuerza capaz de elevarte de un bajo nivel a posiciones de influencia, salud y felicidad.

Tu propósito definido te mantiene en la trayectoria correcta. Es como un imán atrayendo todo el material necesario de tu consciente y de tu subconsciente para convertir tus sueños en realidad. Tu propósito te elevará a alturas que aún no has experimentado.

Puedes enriquecerla cada día planeando tus metas. Cuando las circunstancias se tornen propicias para el logro de esas metas no te dejes sorprender sin estar preparado. "Cuando la oportunidad toca a la puerta, la mayoría de las personas están atrás en el jardín buscando un trébol de cuatro hojas". Anota seis objetivos cada día en orden de importancia. No te desalientes si algunos no pueden ser logrados. Realiza los más importantes.

Un deseo ardiente te mueve a despegar de tu plataforma de lanzamiento hacia alturas insospechadas. Cuando una persona puede concebir algo mentalmente, un deseo ardiente lo motivará para materializarlo.

Tus relaciones con las demás personas mejorarán y adquirirán un significado mayor porque te has convertido en una persona más significativa. Recuerda que interpretas y juzgas a los demás de acuerdo a lo que eres. Mira el mundo de acuerdo con tu punto de vista y tus propias aspiraciones.

Eliminarás todo lo negativo y acentuarás todo lo positivo, serás mucho más feliz y te sentirás mucho más libre de los lazos que te ataban en el pasado; vivirás la felicidad del presente. Una correcta actitud mental actúa como un estímulo para una vida feliz y llena de sentido. Para ti la vida jamás volverá a ser lo mismo. Todo te resultará diferente porque serás una persona diferente. Una actitud mental positiva es la senda que te guiará en tu viaje para alcanzar las estrellas.

La imaginación creativa eleva la grandeza de tu potencial a tal magnitud que te sentirás asombrado de lo que eres y en lo que eres capaz de convertirte. El comienzo del mundo está descrito en términos de la creación del hombre y de la tierra, de la nada. Ésta es una descripción tremenda del poder de la imaginación creativa. El hombre comienza este proceso sin nada y crea un camino hacia la felicidad y el éxito.

El entusiasmo añade nueva dimensión a una persona o a un grupo. Toma un grupo de personas entusiastas que estén trabajando juntas, y podrás darte cuenta de que ellos jamás se sentirán satisfechos hasta que no se conviertan en parte de ¡TÚ PUEDES SER... EL MEJOR!

¡Tú puedes ser... el mejor!

Acerca del
Autor

Héctor Tassinari nació en Tecolutla, Veracruz, pequeño poblado equidistante entre Tuxpan y el puerto de Veracruz, en el centro de la costa del Golfo de México. Estudió en la ciudad de Puebla con lasallistas y jesuitas. Posteriormente, se trasladó a la ciudad de Monterrey, donde se graduó en la licenciatura en Psicología en el ITESM.

Aparte de sus estudios profesionales, Héctor Tassinari ha sido un estudioso de los grandes filósofos y novelistas. Además ha tomado curso con Anthony Robbins, Zig Ziglar, Og Mandino, Leo Buscaglia, Glenn W. Turner, así como en la Escuela Dale Carnegie, en el Instituto de Programación Neurolingüística, y la Escuela de John Grinder.

El autor es fundador del Movimiento Internacional para la Superación Personal (MIPSP), organización que pretende despertar en el individuo la idea de la sabiduría innata en cada ser humano.

Es autor de los siguientes libros: *Tú puedes ser… el mejor*, *La escalera del éxito*, *El secreto está en lo que piensas y en lo que crees que mereces*, *Lo que no sabes de Jesús*, *El paradigma de Dios*, *¿También tú quieres ser feliz?*, *Hablemos de amor*, *Quiero conocer mejor a Dios*, *El arte de cerrar una venta*, *Frente al espejo*.

Para informes sobre seminarios y conferencias de desarrollo humano, consulta su página en la red:

www.hectortassinari.com.

TÍTULOS DE ESTA COLECCIÓN

El paradigma de Dios.
Héctor Tassinari

El secreto está en lo que piensas
y en lo que crees que mereces.
Héctor Tassinari

La escalera del éxito.
Héctor Tassinari

Lo que no sabes de Jesús.
Héctor Tassinari

¿También tú quieres ser feliz?
Héctor Tassinari

Tú puedes ser... el mejor.
Héctor Tassinari

Impreso en Offset Libra

Francisco I. Madero 31

San Miguel Iztacalco,

México, D.F.